Heinrich Laube

Das Wiener Stadttheater

Heinrich Laube

Das Wiener Stadttheater

ISBN/EAN: 9783744628488

Hergestellt in Europa, USA, Kanada, Australien, Japan

Cover: Foto ©ninafisch / pixelio.de

Weitere Bücher finden Sie auf **www.hansebooks.com**

Das

Wiener Stadt-Theater

von

Heinrich Laube.

Leipzig
Verlagsbuchhandlung von J. J. Weber
1875

Das Wiener Stadttheater.

———

1.

Schon wieder eine Theatergeschichte! Und zwar die dritte von demselben Verfasser! Sieht das nicht aus, als würde das Lesepublicum gemißbraucht, an den persönlichen Erlebnissen eines Mannes theilzunehmen, welcher nun einmal die Theaterpassion hat?

Die hab' ich nun zufällig nicht, obwohl mein Leben seit dreißig Jahren darnach aussieht, und es ist mir wahrlich nicht darum zu thun, Persönliches vorzutragen. Ich kann's nur nicht vermeiden, weil es eng mit der Sache zusammenhängt. Mit der Sache, welche Entwickelung, wo möglich Förderung des deutschen Schauspiels heißt.

Ich persönlich — zur Beruhigung sei's gesagt — habe nur in frühester Jugend die Passion für's Theater gehabt. Sie ist mir auf der Schule und Universität völlig entschwunden. Erst als ich ausstudirt hatte — wie man wunderlicher Weise zu sagen pflegt — kam die Jugendpassion noch einmal über mich, und machte mir in Breslau etwa ein Jahr lang das Theater wieder zum Bedürfnisse. Der Grund war interessen auch da schon ein literarischer. Statt der Theologie,

1*

welche ich studirt hatte, entwickelte sich in mir der Drang
zur Schriftstellerei, und unter allen Formen derselben reizte
mich am Stärksten die dramatische. Ich schrieb rasch und unreif mehrere Stücke, und genoß das unverdiente Glück, sie
im Breslauer Stadttheater aufgeführt zu sehn. Dabei kam
ich frühzeitig zu Proben auf die Bühne und in den inneren
Verkehr des Theaterlebens. Es war also jeglicher Anlaß da,
gefangen zu werden vom bunten Theaterreize. Und doch war
das nicht der Fall. Dieser Reiz übte keine Macht über mich,
und ich ging aus eigenem Antriebe hinweg von ihm, weil
mir dieses Theaterleben zerfahren vorkam und oberflächlich.
Das Verlangen nach einem festeren Inhalte trieb mich
hinweg.

Und von Stund' an war diese bunte Welt völlig aus-
gelöscht in mir. Es folgten zehn Jahre der Schriftstellerei,
während welcher ich mich gar nicht um das Theater kümmerte,
ja während welcher ich es fast gar nicht besuchte, obwohl ich
in ländlicher Stille ein Lustspiel componiren mochte. Selbst
ein langer Aufenthalt in Paris, der theatralischen Hauptstadt
Europas, brachte keine Aenderung in mir hervor. Ich sah
beiläufig die neuen Stücke an, weil ich die französische Literatur kennen wollte, aber das eigentliche Theaterleben blieb mir
auch dort gleichgültig. Noch mehr: ich wußte gar nicht einmal, daß es mir gleichgültig war. Ein Abend in der Salle
Ventadour, wo ein Sensationsstück des älteren Dumas
aufgeführt wurde, machte mir's erst deutlich. Emil
Devrient saß da zufällig neben mir. Er war nach Paris

gekommen, theatralische Studien zu machen, und fragte mich, wie weit ich bereits darin gediehen sei. Ich konnte ihm gar keine Auskunft geben, ich war gar nicht unterrichtet. Erstaunt sah er mich an. Das Theaterleben war mir wildfremd, und ist mir's geblieben selbst dann noch als ich mein erstes Stück, den „Monaldeschi", schrieb. Ich hatte da einen vierten Act entworfen, welcher auf einem Schiffe spielt, und als man mir einwarf: das wird ja dem Stücke das Theater verschließen! erwiderte ich unbefangen: ja, ich habe auch nicht an eine Theateraufführung gedacht. Es schien auch nicht ein Keim von Theaterpassion in mir zu ruhn.

Dennoch brachte mich dieser „Monaldeschi" auf und an das Theater. Ich kam zur Inscenesetzung, und dafür fing ich Feuer. Dieses Feuer ist auch bis heute nicht in mir erloschen, aber es ist, wie ich glaube, sehr verschieden von der gebräuchlichen Theaterpassion. Das Drama selbst mag meine Passion sein. Eine gute Schauspielvorstellung zu Wege zu bringen, das war und ist mein einziges Bestreben am Theater; das Drum und Dran des Theaters ist mir stets Nebensache, oft sehr lästige Nebensache gewesen.

So hatte ich auch nie, selbst nicht im Traume, daran gedacht, eine Theaterdirection zu übernehmen, übernehmen zu können, selbst da nicht, als ich schon eine Reihe von Stücken geschrieben und auf verschiedenen Bühnen in Scene gesetzt. Wie Emil Devrient in der Salle Ventadour war ich erstaunt, als mir Gustav Freytag einmal sagte: ich sollte doch die Führung eines kleinen Hoftheaters zu erlangen suchen. Ich

vergaß es auch wieder, und Niemand war mehr verwundert
als ich, da man mir nach Inscenesetzung der „Karlsschüler"
im Burgtheater die Direction des Burgtheaters antrug.

Dies Alles erweis't doch wohl, daß mich nicht eine gewöhnliche Theaterpassion treibt, Directionen zu übernehmen,
und über den Verlauf derselben Bücher zu schreiben. Ich
schreibe sie, weil ich immer wieder neuen Stoff gefunden zu
haben glaube, welcher von einiger Bedeutung sein kann für
die Entwickelung und Förderung des deutschen Schauspiels.

Deshalb, und nur deshalb folgt hier auf „Das Burgtheater" und „Das Norddeutsche Theater" auch „Das Wiener
Stadttheater".

Ich kam nach Beendigung des Leipziger Theater-Feld-
zuges nach Wien zurück, weil mir diese Stadt lieb und werth
geworden war, und weil ich hier lieber als anderswo den
Rest meines Lebens beschließen wollte. Eine neue Theaterdirection lag nicht in meinen Wünschen, obwohl ich oft in
Leipzig meinen Freunden skizzirt hatte, wie sich gerade in
Wien ein erstes Schauspiel an richtiger Stelle und leicht
gründen ließe. Das war vergessen. Man ist so zerschlagen,
so erschöpft, ja so übersättigt von Aerger, wenn man eine
Direction niederlegt, daß man vor allen Dingen Ruhe und
Frieden sucht, und Gott dankt, alle die widerwärtigen Auf-
regungen und Stürme hinter sich zu haben. Um keinen Preis
der Welt möchte man wieder anfangen. Doch

„Verbiete Du dem Seidenwurm, zu spinnen,
Wenn er sich schon dem Tode näher spinnt!"

Dieses Wort Tasso's gilt ja nicht blos dem Dichter, es gilt Jedem, der einen Beruf in sich zu haben glaubt.

Die erste Nachricht, welche mir in Wien entgegenkam, war geeignet, meinen gewonnenen Frieden zu bedrohn. Man erzählte mir, Baron Münch (Friedrich Halm) fühle sich krank, und wolle seine Stelle als Intendant der Hoftheater niederlegen.

Um dieser neuerrichteten Intendanz-Stelle halber war ich vom Burgtheater abgegangen, weil meine Vollmachten als Director an den Intendanten übergehn mußten. Nach zwanzig-jähriger Freundschaft, welche mich dem Dichter Halm ver-bunden hatte, war ich verfeindet mit dem Baron Münch ge-schieden, und hatte ihm öffentlich herbe Dinge gesagt, weil ich das Einschieben der Intendantur als einer neuen Instanz zwischen die oberste und die artistische Direction für einen Capitalfehler hielt. „Viel Köche verderben den Brei" lautet das triviale Wort dafür, und ich hatte mit solchen Aeuße-rungen, welche ihn mit trafen, nicht zurückgehalten.

Jetzt aber lautete die Erzählung weiter: bei seinem Ge-such um Entlassung hat Baron Münch Sie zu seinem Nach-folger empfohlen. Mich? — Ja wohl.

Das war beschämend für mich, der ich ihn nicht ge-schont hatte. Ich ließ also sofort bei ihm anfragen, ob diese Erzählung richtig sei? Die Antwort lautete: Ja! Und nun ließ ich fragen: ob er mich zu einem Besuch empfangen wolle? Die Antwort lautete wiederum: Ja.

Beſchränkungen, und welches den Schauplatz biete für jegliche
dichteriſche Schöpfung, ſobald dieſelbe ihr Thema künſtleriſch
bewältige, möge dies auch für die Cenſur ein heikles Thema
ſein. Gerade die heiklen Themata brauchten einen Zufluchts=
ort, damit dem abgeſtandenen Blute des Schauſpielinhalts
endlich einmal neue Säfte zugeführt würden. Ein neues
Theater alſo ſolle errichtet werden. Das Burgtheater reiche
auch räumlich nicht mehr aus für die vermehrte Bevöl=
kerung Wiens, und dieſe vermehrte Bevölkerung liefere Geld
und Publicum in großem Maße für ein neues Schauſpielhaus.

Au der Spitze dieſer Freunde ſtand Max Friedländer,
ein Gründer und Hauptredacteur der Neuen Freien Preſſe.
Wir ſind da, rief er, Neues zu ſchaffen, ſo laſſen Sie uns
denn getroſt auch ein neues Theater gründen! Die Zeit iſt
dafür günſtig, und die Mittel ſchaffen wir.

Die Zeit war dafür günſtig, das ließ ſich nicht ver=
kennen. Ich hatte Wien ein paar Jahre lang nicht geſehn,
und erkannte es kaum wieder. So war es gewachſen in
Ausdehnung, Fülle und Pracht. Es ſtrotzte von Wohlhaben=
heit. Alte Bekannte, die in dürftiger Lage geweſen, als ich
Abſchied von ihnen genommen, traten mir lächelnd entgegen
als begüterte Leute, und Friedländer machte mir wirklich klar,
einleuchtend klar, daß die Mittel leichtlich zu beſchaffen wären
für ein Unternehmen, welches nur etwa eine Million brauchen
würde. Eine Million, pah! Die iſt im Handumkehren zu
haben für einen Theaterbau, der in der That einem Bedürf=
niſſe entgegenkommt!

Der Tod hat ihn abgerufen diesen genialen Journalisten, ehe Zeit und Mittel so erschreckend verwandelt worden sind in Wien. Max Friedländer war ein Zeitungsredacteur in Folio. Weit im Blick, unerschöpflich in Aufdeckung von Ge= sichtspunkten und Hilfsmitteln. Er schuf damals den Plan einer Gründergesellschaft, welche ein neues Theater stiften würde, und zeigte mir täglich neue Unterschriften für erbliche Logen und Sperrsitze. Die Loge kostete 25,000, der Sperr= sitz 5000 Gulden, und in ein paar Wochen war wie er vorausgesagt ein großes Capital vorhanden.

Ein paar Wochen hatten auch hingereicht, meinen Pakt mit Baron Münch wieder zu beseitigen. Münch hatte die erwartete und nöthige Zustimmung seines Chefs nicht gefun= den, und schied selber aus; ich aber war durch Nichts behin= dert, jener neuen Stiftung beizutreten.

Die ganze Wahrheit zu gestehn: ich war nicht die zuver= sichtlich treibende Seele, ich wurde mehr hineingezogen in das Unternehmen. Ich wog und überlegte Tag und Nacht, ob Kern und Dauer sicher wäre. Die artistische Frage machte mir keine Sorge. Das hielt ich für möglich: neben dem durch nothwendige Rücksichten beengten Burgtheater ein erstes Schauspiel auszubilden. Aber die ökonomische Frage beun= ruhigte mich. Ist so viel Publicum vorhanden, fragte ich immerfort, um zwei gleichartige Schauspielhäuser zu füllen? Und was entsteht, wenn dies nicht der Fall ist, da die Grün= der nur gründen, und nicht verpflichtet sind zu erhalten?

„Es wird sich selbst erhalten, das Stadttheater!“ rief

Friedländer. „Das sehen Sie ja in der raschen Zeichnung der Logen und Sitze, welche nichts versprechen als erbliche Plätze. Hierin liegt ja der Beweis, daß ein großes und reiches Publicum vorhanden ist, welches im Burgtheater nicht mehr Raum und Genüge findet. Was Sie an freierer Wahl in den Stücken, an lebhafterer Berührung des wirklich leben= digen Lebens hinzubringen durch energische Führung, das ruft Ihnen ja auch das große Publicum der fast zu einer Million herangewachsenen Bevölkerung herzu. Wien hat viel weniger Theater als eine ähnlich große Stadt. Schauen Sie doch um sich, wie hier Alles blüht und gedeiht, und vergessen Sie endlich das alte Wien Ihrer Burgtheaterzeit, das enge Wien der Basteien und leeren Glacis! Die Mauern sind gefallen, die Anger belebt, der frühere kleine Aristokratenort ist ver= zehnfacht!“

Das war Alles wahr, und Friedländer hatte in Allem Recht, wenn dieser erweiterte und erhöhte Zustand Wiens Dauer und Bestand in sich trug. Und einen Zweifel daran hörte ich nirgends.

Dennoch verließ mich der Gedanke nicht: es ist ein Wag= niß! Und demgemäß hoffte ich in der Stille: es wird doch wohl nicht zu Stande kommen!

Es kam aber zu Stande. Leider in den letzten Stunden unter einiger Uebereilung. Noch fehlten einige Logen zu 25,000 Gulden, und man beschloß, nicht auf die Zeichnung derselben zu warten, da es vortheilhaft sein würde, nicht gar so viel Logen für den Verkauf einzubüßen.

Diese fehlende Summe am Grundcapital wurde in schwerer Zeit eine schwere Last.

Der Bau begann und gelang vorzüglich. Der sehr begabte junge Architekt Fellner ging geduldig ein auf die Bedürfnisse, welche ein Schauspielsaal erfordert, und die Wiener Baugesellschaft, welche den Bau übernommen, erwies sich in allen fraglichen Punkten gefällig — am 15. September 1872 konnte das gleichsam hervorgezauberte Wiener Stadttheater eröffnet werden.

Friedländer, der Urstifter, erlebte es nicht. Eine Ber=
stung der Herzader warf den kräftigen Mann ins Grab,
ehe der Beweis geführt wurde, daß er Recht gehabt.

Er hatte Recht gehabt — acht Monate lang. Das
heißt: so lange als Wien nicht verändert wurde.

Was wollte ich nun eigentlich mit dem neuen Theater?
Und wie wollte ich erreichen was ich wollte?

Was? Ein gutes Schauspiel. Hatte dies nicht Wien
bereits in seinem viel gepriesenen Burgtheater? Nun, offen
gesagt, nicht nur ich war der Meinung, zahlreiche Kunst=
freunde in Wien waren derselben Meinung, Halm selbst,
indem er vom Niedergange sprach, war der Meinung: das
Burgtheater verliere allmälig an Werth, weil ihm eine auf=
merksame und kundige Führung fehle. Ein aufstrebendes
zweites Schauspielinstitut thue noth in Wien, und gerade in
Wien, wo man durch das Burgtheater ein ernst theilnehmen=
des Schauspielpublicum erzogen habe. Ein aufstrebendes
neues Schauspielinstitut werde auch das Burgtheater an=

spornen, seine guten Traditionen wieder frisch zu beleben,
und solcher Wetteifer werde dem deutschen Schauspiele zu
Gute kommen.

Es ist ferner keineswegs eine bloße Phrase, wenn für
ein zweites erstes Schauspiel in Wien angeführt wurde, daß
eine freier gestellte Repertoire ein erwünschter Vortheil sein
werde. Ein intimes Hoftheater, wie das in der Burg, im
Hause des Kaisers, ist wirklich zahlreichen Rücksichten unter-
worfen, welche das Repertoire beschränken, oft schmerzlich beschränken. So manches Stück sieht aus wie eine Demon-
stration gegen einen andern Hof oder Staat, weil es im
Hause des Kaisers aufgeführt wird, und muß deshalb ver-
mieden werden. Man vergleiche nur, wie spät unsre wichtigsten classischen Stücke ins Burgtheater gelangt sind! Nicht
blos wegen der gewöhnlichen Censur, der Staatscensur, sondern weil Dies oder Jenes darin eben in der Burg des
Kaisers anstößig erschien. Wie lange waren zum Beispiele
Schillers „Räuber" im Theater an der Wien auf dem Repertoire, ehe ich sie mühsam durchsetzen konnte für's Burgtheater!
Wie lange mußte „Wilhelm Tell" warten! Natürlich! Ein
Aufstand gegen das Haus Habsburg kann doch nicht so ohne
Weiteres Zutritt finden im Hause der Habsburger. Der
hundert kleineren Anspielungen nicht zu gedenken, der einzelnen Charakterzüge nicht zu gedenken, um deren willen
Stücke nicht füglich in diesem Raume auftreten dürfen, und
von den Scenen und Stellen gar nicht zu reden, welche man
deswegen streichen, oder doch abschwächen muß. — Es ist

schon eine Erleichterung, wenn das Hoftheater nicht gerade im Hause des Regenten gelegen ist.

In diesem Punkte zeigte es sich übrigens gleich in den ersten Wochen der Stadttheater-Existenz, daß der Wetteifer Früchte bringe: die Censur wurde im Burgtheater sofort nachsichtiger. Was Grillparzer nie für möglich, ja kaum für rathsam gehalten: sein „Bruderzwist in Habsburg", welcher im Stadttheater erschien, wurde nun auch im Burgtheater zugelassen.

Ferner der äußerliche Raum. Der enge, heiße Schachtelraum des Burgtheaters war seit Eröffnung des prachtvollen Opernhauses den Leuten erst recht deutlich geworden. Man sehnte sich nach einem schöneren Schauplatze für das Schauspiel. Und jener enge Schachtelraum reichte in der That als bloßer Raum nicht mehr zu für die groß gewordene Stadt. Eine Loge war und ist nicht zu haben; denn sie sind alle abonnirt. Für den wohlhabenden Wiener ist aber eine Loge das Ein und Alles im Theater. Da kann er mit den Seinigen wie zu Hause sein und genießen. Und gerade an wohlhabenden und gebildeten Leuten hatte das vergrößerte Wien den zahlreichsten Zufluß gewonnen. All diese Leute waren ausgeschlossen vom Genusse einer Schauspielvorstellung, da auch die kleine Anzahl von Sitzen im Burgtheater immer schon vor Ankündigung der Vorstellung vergriffen war, und die Vorstadttheater das höhere Schauspiel gar nicht geben.

Waren dies nicht Gründe genug für die Errichtung eines neuen Schauspielhauses?

Und mußte ich denn eine bloße Wiederholung des Burg=
theaters im besseren Raume wollen? Durchaus nicht. Wenn
Zwei Dasselbe thun, so wird's nicht immer Dasselbe. Größere
Freiheit im Raume und in der Wahl der Stücke führte schon
von selbst zu einem verschiedenen Resultate. Der größere
Raum begünstigte für das Stadttheater das größere Stück,
die freiere Auswahl begünstigte die größere Mannigfaltigkeit
und Vollständigkeit. Es wird sich, war meine Meinung, im
Verlaufe bald zeigen, in welcher dramatischen Gattung das
eine oder das andere Theater stärker und besser wirken kann.
Diese Gattung wird von jedem der beiden Theater mit be=
sonderer Sorgfalt gepflegt werden, und so werden bald beide
Theater ihre ersprießliche besondere Aufgabe haben zum Ge=
deihn der dramatischen Literatur und zum Vortheile des
Publicums. Das Personal, die Schauspieler, werden dar=
über in erster Linie entscheiden. Wozu sich das Personal be=
sonders eignet, das wird die Specialität des einen oder des
andern Theaters werden.

Dies führt zur zweiten Frage, zur Frage: Wie soll
das bewerkstelligt werden an einem neuen Theater, welches
noch nicht einen Mann besitzt, welches sein Personal erst
finden soll? Ist das zu finden? Alle Welt klagt, daß im
Burgtheater nicht einmal die Lücken in einem vorhandenen
großen Personale gefüllt werden können! Die kundige Welt
sagt also: die erforderlichen Schauspieler sind gar nicht vor=
handen.

Ich habe nie eingestimmt in diese Klagen, weil ich nie

geglaubt habe, daß die guten Schauspieler auf den Bäumen wachsen, und man sie nur abzupflücken brauche, wenn man ihrer bedürfe, daß sie also gar nicht zu haben wären, wenn die Bäume leer stünden. Nein, ein gutes Theater soll auch darin eine Bildungsanstalt sein, daß es seine Kräfte principiell selbst entwickelt.

Als ich im Spätherbste 49 die Direction des Burgtheaters übernahm, stöhnten um mich her dieselben Klagen. Es war nur noch ein kleines Vorbertreffen guter, ja vortrefflicher Schauspieler vorhanden, und diese waren alt. Hinter ihnen stotterte die Mittelmäßigkeit. Als ich 67 zurücktrat, waren die alten Herren gestorben, oder zurückgetreten, und doch war das Ensemble nun voll und ziemlich tüchtig. Es war eben eine neue Generation herangebildet worden.

Ebenso hoffte ich auch jetzt die Frage „Wie?" zu lösen. Natürlich nicht von heut zu morgen, aber mit Hilfe eines kundigen Vortragslehrers rascher als damals. Denn damals mußte ich Alles allein betreiben, auch die Vorübungen.

Diese Vorübungen werden durchweg zu gering geschätzt am deutschen Theater, und alle ersinnlichen Verleumdungen werden ihnen angeheftet, weil der sogenannte junge Künstler durchaus nicht Schüler heißen will. Als ob man in irgend einer Kunst ohne Erlernung der Hilfsmittel von der Stelle kommen könnte, von der Stelle des Anfängers! Fragt doch den Maler, den Bildhauer, den Musiker! Wie viel trockne Dinge müssen sie durchmachen, ehe sie an die wirkliche Ausübung ihrer Kunst gelangen können! Nur unser Schau-

spieler will von Anfang bis zu Ende Genie heißen — was
er gar selten ist! — will ohne Erlernung der Anfangs=
gründe künstlerische Wirkungen ertrotzen, und läuft so mit
ausgebreiteten Armen in den Hafen der Unzulänglichkeit.
Sprechen ist das Hauptmittel des Schauspielers. Richtig
sprechen, verständlich sprechen, eindrucksvoll sprechen, hin=
reißend sprechen, das ist die Stufenleiter. Sie kann gelehrt
werden, wenn dem Schauspieler gleichzeitig die seinem Wesen
anpassenden Rollen zukommen, vermittelst welcher er das
bloße Sprechen durch Charakterdarstellung belebt. Ob Mimik
und Körperbewegung damit Schritt halten, bleibt freilich eine
zweite Frage. Sie steckt aber in der Hauptfrage: ob er
überhaupt Talent hat? Und ob er überhaupt Talent hat,
das ergiebt sich gar bald bei den Vorübungen, ergiebt sich
ferner bei den Proben, ergiebt sich sicher bei den Vorstel=
lungen. Lautet das Ergebniß: kein Talent! dann läßt Vor=
tragslehrer und Director einen solchen Candidaten fallen. So
wird verhindert, daß Unzulänglichkeit fortgeschleppt werde, wie
dies ohne solchen Schulgang überall geschieht und massenhaft
dem begabten Schauspieler den Weg versperrt.

Als mir Ludwig Tieck in Dresden das erste Mal sagte:
Unser deutsches Theater geht unter, weil die deutschen Schau=
spieler nicht sprechen können — da meinte ich, es sei dies
eine seiner romantischen Grillen, erzeugt dadurch, daß er selbst
ein guter Vorleser war, und deshalb diesen Theil der Schau=
spielkunst überschätzte. Das Wort blieb mir aber im Sinne;
ich richtete meine Aufmerksamkeit auf diesen Punkt, und

mußte nach einiger Zeit eingestehn: Tieck hat vollkommen Recht.

Es ist erschreckend, wie schlecht auf dem deutschen Theater gesprochen wird. Das ist überhaupt ein deutscher Fehler: wir sind auffallend nachlässig im Gebrauche unsrer Sprache. Die romanischen Völker, künstlerisch hoch begabt, sind uns darin weit voraus. Der Franzose, der Italiener, der Spanier behandelt seine Sprache mit Aufmerksamkeit. Der Franzose in so hohem Grade, daß er zuerst und zuletzt seine Bildung darin sucht, gut zu sprechen. Dem französischen Schauspieler kommt dies überaus zu statten: er tritt ein in seine Kunst mit guter Vorbereitung. Der deutsche dagegen ganz ohne Vorbereitung.

Neuerer Zeit ist bei uns das öffentliche Leben rege geworden, und die Nothwendigkeit öffentlich zu sprechen hat sich verbreitet. Es wird in Folge davon ein wesentlicher Fortschritt sichtbar. Nur die Schauspieler, welche dessen am Meisten bedürftig wären, sind noch gar nicht betheiligt an diesem Fortschritte.

Vielleicht angeregt von diesem Grundgedanken am Stadttheater hat das Wiener Conservatorium für Musik den Entschluß ins Werk gesetzt, auch eine Schauspielschule zu errichten, und hat unsern Vortragsmeister Strakosch als Professor angestellt. Ein höchst erwünschter Fortschritt, für welchen das deutsche Theater den Herren Mosenthal, Weilen, Hellmesberger und Zellner sehr zu Dank verpflichtet ist.

Wegen dieses mir nur zu bekannten Mangels an Sprech-

2 *

kunst setzte ich geringe Hoffnung darauf, von vornherein auch
nur einige gut sprechende Schauspieler ohne Weiteres gewin=
nen zu können, und ich schickte Strakosch auf Reisen mit In=
structionen, welche weit abwichen von den herkömmlichen. Nicht
auf leibliche Fertigkeit des Spiels sollte er sehen, wenn diese
Fertigkeit äußerlich verbliebe und keinen geistigen Hintergrund
verriethe. „Wort ohne Sinn kann nicht zum Himmel drin=
gen" sagt König Claudius. Es kann auch nicht zum Publicum
dringen. Außer der geistigen Fähigkeit müßte er Kraft und
Wärme des Gemüths und Ehrlichkeit des ganzen Wesens im
Hintergrunde entdecken, wenn er mir Jemand zum Engage=
ment empfehlen wollte. Sobald diese Eigenschaften vorhanden,
dann möchte die Person eine Nase haben wie sie wolle!

Unsere Correspondenz während dieser Entdeckungsreisen
könnte wohl einen Beitrag liefern zum Studium der Schau=
spielkunst. Leider auch einen Beitrag zur alten Erfahrung,
daß selbst der heikelste Koch mit Wasser kochen müsse.

Das merkte ich nur zu bald, und ich wurde recht klein=
laut in meiner Anmaßung, aus dem Nichts ein erstes Schau=
spiel entwickeln zu können.

Diese Herabstimmung führte dahin, daß ich schon ein
halbes Jahr vor Eröffnung des Theaters geworbene Jünger
und Jüngerinnen nach Wien zog, und mit Beihilfe des Vor=
tragslehrers das Rollenstudium mit ihnen begann. Ich
miethete in der Vorstadt einen kleinen Saal, und dort wurde
Tag für Tag probirt, wurden neue Ankömmlinge eingereiht,
wurden hoffnungslos sich erweisende Unkräfte ausgeschieden,

wurde Nachmittags und Abends mit den Einzelnen nachgeholt, was bei den Proben am Morgen lückenhaft erschienen war.

So nach Kräften gerüstet marschirten wir, ein blut=junges Regiment, in die erste Schlacht, das heißt in die erste Vorstellung des Wiener Stadttheaters am 15. September 1872.

3

Die Ausrüstung eines ganz neuen Theaters nimmt kein Ende. Ein Theater braucht was ein König, eine Hausfrau und ein Handwerksmann zusammen brauchen, und noch etwas mehr. Denn es kommen noch dazu die fremden Welttheile und die überlebten Jahrhunderte, welche den König, die Hausfrau und den Handwerksmann nicht kümmern. Zum Beispiele die Bedürfnisse einer Sakuntala, der Griechen und Römer und des Mittelalters obenein.

Und gelten endlich die bunten Magazine für ungefähr vollständig in Decorationen und Costümen, in Waffen und Geräthschaften, in Büchern, Rollen und Musikalien, dann schreit die Frage der Einrichtung, der Ingangsetzung, kurz was man Organisation nennt von hundert Seiten. Wer befiehlt? In welcher Rangordnung und Abstufung? Wem steht ein Veto zu? Wer controlirt? Wer straft? Wer bürgt? Kurz, das ganze Uhrwerk einer Regierung soll fertig sein, soll in Thätigkeit treten ohne hinlängliche Zwangsmittel, ohne hinlängliche Strafmittel. Ein Theaterstaat strotzt von scheinbaren Unmöglichkeiten.

Was aber noch schwerer war, was Niemand Sorge machte als mir persönlich: die Lebensluft ward plötzlich bedroht, der geistige Inhalt des neuen Staates. Ich schleppte nämlich insgeheim Proteste des Burgtheaters mit mir herum, welche uns ganze Armeen von Stücken untersagten.

Von allen erreichbaren lebenden Autoren waren Reverse eingeholt worden, daß ihre Stücke in Wien nur im Burgtheater aufgeführt werden dürften. Bei verwaisten Stücken aber, das heißt bei solchen, deren Verfasser gestorben, hatte man solche Reverse von den Witwen oder sonstigen Erben unterschreiben lassen. Ja, meine eignen Stücke, welche im Repertoire des Burgtheaters stünden, wurden mir für das Stadttheater untersagt. Selbst meine Uebersetzungen französischer Stücke, welche für ein winziges Honorar dem Burgtheater reichliche Einnahmen verschafft, sollten im Stadttheater nicht aufgeführt werden.

Das wurde mir in gebieterischem Tone angezeigt. Nur das Letztere, die Uebersetzungen betreffend, erfuhr ich beiläufig. Ich hatte bescheidentlich darum angesucht, mir auf meine Kosten einige Abschriften machen zu lassen von meinen Exemplaren eigener Handschrift, welche in der Bibliothek des Burgtheaters verblieben waren. Es wurde verweigert.

Man konnte auf den Gedanken kommen: e i n Theater der Hauptstadt werde vom Hofe oder Staate zu dem Zwecke mit großer Geldsumme unterstützt, damit neben diesem einen Theater die dramatische Kunst in der Hauptstadt streng niedergehalten werde.

Ich war entschlossen, von dem Verbote meiner Stücke
und Arbeiten, für welche keine Reverse ausgestellt waren,
keine Notiz zu nehmen, und die Folge hat gezeigt, daß die
angedrohte Verhinderung keinen Boden fand. Aber es stärkt
doch einen Director nicht, wenn er auch in solchen Fragen
noch Entschlossenheit in sich sammeln muß beim Beginn eines
Unternehmens, welches ohnehin alle Kräfte in Anspruch
nimmt.

Die Reverse selbst haben eine Berechtigung, so weit sie
neue Stücke betreffen, und die Einführung eines neuen Stückes
für ein Theater sicher stellen. Es ist dies ein wesentlicher
Vortheil für ein Theater, wenn es zuerst allein und ausschließlich ein neues Stück bringen kann. Aber die Autoren
sind thöricht, wenn sie Reverse unterschreiben, welche über
einen kurzen Zeitraum hinaus reichen. Hat ein Theater das
volle Zeug, ein neues Stück zu voller Geltung zu bringen,
dann wird kein zweites Theater die aussichtslose Mühe auf
sich nehmen, das Stück ebenfalls zu geben. Das ist aber
oft nicht der Fall, und das privilegirte Theater bringt das
Stück nicht zur Geltung, wie steht es dann? Das Stück
geht unter in Folge des Reverses. Oder das erste Theater
erleidet Lücken in seinem Personale und kann das Stück nicht
mehr genügend besetzen, ein andres Theater aber ist in der
Lage, das Stück in guter Besetzung mit erhöhter Wirksamkeit
vorzuführen, was ergiebt sich dann? Der Autor hat mit
Unterschreibung eines unbeschränkten Reverses seinem Stücke
die Zukunft abgegraben, und die Stadt erleidet mit ihm die

Einbuße. Auch die Literatur erleidet sie, wenn die Stadt von großer Bedeutung ist.

Die Reverse des Burgtheaters lauten allerdings dahin, daß sie nur auf zwei Jahre und einen Monat gelten, wenn innerhalb dieses Zeitraums das Stück nicht wiederholt worden ist. Aber auch so ist es ein zu weit gehendes Privilegium. Eine einzige binnen 25 Monaten eingeschobene Vorstellung verlängert das ausschließliche Recht von Neuem und unge= bührlich. Die Vorstellung kann schlecht und wirkungslos sein, während ein andres Theater sie gut und wirkungsvoll bieten, und das Stück neu beleben könnte zum Vortheile des Publi= cums und der Literatur. Ich meine, der Revers dürfte nur das erste Jahr das Stück für ein Theater in Beschlag nehmen.

Die Reverse des Burgtheaters beschränkten sich aber nicht auf neue Stücke, sie griffen zurück auf längst vorhan= dene, wenn nur noch irgend ein Erbe des Autors vorhanden war. Das ist den Dichtern und der dramatischen Dichtung gewiß nachtheilig. Gleich zu Anfang unsers Stadttheaters zeigte sich ein solcher Fall. Ich hatte durch den Vortrags= lehrer, den Decorateur und den Costümier Alles vorbereitet zur Darstellung der „Makkabäer" von Otto Ludwig. Unser Personal wie unsre größere Räumlichkeit war geeigneter da= für als im Burgtheater, und da wir neu waren, so wirkten solche Stücke wie Neuaufführungen. Das heißt, sie fanden zahlreiche Wiederholungen. Ich freute mich in voraus, der armen Witwe Ludwigs mit den hohen Tantièmen ein kleines

Capital sammeln zu können — da meldete mir die be-
drängte Witwe in traurigem Tone, sie hätte unbedacht einen
Revers unterschrieben für's Burgtheater. Das kleine Capital
war dahin, die Gelegenheit zur Neubelebung des Stückes
verdorben.

Ich hatte als Director des Burgtheaters es immer wie
eine Ritterpflicht angesehn, den Vorstadttheatern mit allen
Mitteln an die Hand zu gehn, wenn sie ein Repertoirestück
des Burgtheaters geben wollten — ich kam mir jetzt wie ein
überlebter Don Quichote vor.

4

Die Vorbereitungen hundertfältiger Art galten für beendigt, der Tag der Eröffnung des neuen Stadttheaters war da.

Es war lange erwogen worden, mit welcher Vorstellung zu beginnen sei in einem ganz neuen Theater. Das Stück ist zu wählen, hieß es, welches am Besten zu besetzen sei. Nein, rief man, noch besser ist es, ein neues Stück zu geben, welches keine Vergleichung zuläßt. Und diese Meinung siegte.

Sie war ein Irrthum. Ein neues Haus und ein neues Stück, das ist des Neuen zu viel; Eins thut dem Andern Abbruch.

Das wußte ich, und ging dennoch darauf ein. Warum? Weil es mir doch zu deutlich war, daß ich mich nicht gleich zu Anfange an ein classisches Stück wagen dürfte mit einer Schauspielgesellschaft, welche aus allen Windrichtungen zusammengeholt war, welche sich gegenseitig nicht kannte und unmöglich die für ein bekanntes classisches Stück nothwendige Harmonie bieten konnte.

Ich nahm meine eigne Arbeit, die Fortsetzung des

Schiller'schen „Demetrius". Sie hatte Glück gemacht auf den
verschiedensten Bühnen, sie war in Wien neu, und sie beginnt ja doch mit zwei Acten Schillers. Schiller also hatte
das erste Wort. Daß ich meine Arbeit aussetzte, das war
mir außer Zweifel; aber ich wußte keine andere Wahl.

Nachmittags um 2 Uhr am 15. September war die
letzte Probe zu Ende, und jeglichen Schicksals gewärtig wollte
ich heim gehn. Da wurde mir gemeldet, daß man mit dem
Aufhängen und Anzünden des neuen Kronleuchters schwerlich
bis halb Sieben — da sollte das Haus geöffnet werden —
zu Rande kommen würde. Was in diesem versagenden Falle
anzuordnen sei? — Erschöpft und ärgerlich antwortete ich:
Dann stelle man rechts und links ins Proscenium zwei Gas-
candelaber auf, wie einer gebräuchlich ist zu den Proben —
gespielt wird unter allen Umständen.

So kam ich Abends ins Theater, nicht wissend ob das
Publicum im Dunkeln oder im Lichten sitzen werde. Ich
tröstete mich mit der neuen Einrichtung, welche ich durchge-
setzt hatte: es giebt keine Stehplätze, und Jedermann bis zum
letzten Platze auf der letzten Gallerie oben hat einen numerirten
Sitz. In solcher Lage werden die Zuschauer auch ein Halbdunkel — dachte ich — als eine interessante Absonderlichkeit
hinnehmen — —

Der Kronleuchter brannte. Die Vorstellung ging in
aller Ordnung einher, soweit sie die Bühne betraf. Unter
den Zuschauern aber blieb den ganzen Abend Alles in Bewegung, und eine gesammelte Aufmerksamkeit war nicht zu

erreichen. Das war's, was ich in voraus gefürchtet. Jeder wollte dem Andern seine Bemerkungen mittheilen über das neue, schöne Haus, und wenn der Andere fern war, da suchte man ihn auf. In den Logen war ein immerwährendes Kommen und Gehn von Besuchern, und kein Besucher war stumm.

Jeder zum ersten Male auftretende Schauspieler errang wohl minutenlange Stille, denn man wollte ihn beobachten. Aber der Wiener faßt rasch auf im Theater — nach einigen Minuten begann wieder das bisherige Spiel im Zuschauerraume.

Der Darsteller der Hauptrolle, Herr Robert als Demetrius, wäre vielleicht im Stande gewesen, dieser Zerstreutheit ein Ziel zu setzen. Man war sehr gespannt auf ihn, der einen stattlichen Ruf mitbrachte aus Berlin; aber der Ruf hielt nicht Stand. Die schönen Mittel, Kopf, Gestalt und Organ, boten sich nicht frei und natürlich genug dar. Gang und Betonung verriethen etwas Gemachtes, Gesuchtes, fast mußte man sagen Geziertes — er gefiel nicht hinlänglich, fesselte also auch nicht hinlänglich. — Herr Salomon daneben als Sapieha, Fräulein Charles als Marfa, Herr Otter als Boris erregten Aufmerksamkeit durch prächtige Stimmen, aber sie verschwinden actweise ganz, und der Boris entwickelte nicht genug Talent. Auch Fräulein Frank als Axinia, deren Rolle klein, und Herr Friedmann als Komla, welchen man lebhaft aber noch etwas jung in seiner Kunst fand, vermochten nicht, die zerfahrene Stimmung des Hauses zu beschwören. Nur Herr Lobe gefiel ganz. Er spielte die dankbare Rolle des

Schuiski auch dem unruhigen Publicum zu Dank. Daß
dieser russische Humor noch eine andere Tonart forderte als
er gab, blieb dem Publicum verborgen.

Uebrigens fehlte es durchaus nicht an Beifall. O nein!
Das Haus hallte davon wieder drei Stunden lang. Aber
an Sammlung fehlte es, und ohne Sammlung ist kein
voller Eindruck eines Drama's erreichbar. Das Stück hatte
keinen vollen Eindruck gemacht und die Darstellung ebenfalls
nicht. Man war erstaunt, daß doch so viel Schauspielkräfte
vorhanden wären, aber über Werth und Umfang dieser
Kräfte war man im Unklaren geblieben. Eine dieser Kräfte,
Fräulein Frank, war ganz übersehen worden. Mir hin-
gegen war diese Axinia die hoffnungsvollste Kraft geworden
durch diese Aufführung, und ich meinte, endlich einmal die
lang gesuchte tragische Liebhaberin gefunden zu haben, wenn
Lehre und Ausbildung fleißiges Entgegenkommen fände.

Zwei Tage darauf brachten wir ein kleines Schauspiel
und ein größeres Lustspiel: „Die böse Stiefmutter" von Putlitz und „Das Stiftungsfest" von Benedix-Moser. Beide
Stücke hatten in Deutschland großes Glück gemacht, das
„Stiftungsfest" insbesondere war überall willkommenstes Zugstück geworden. Beide Stücke gefielen auch bei uns, aber
recht mäßig. Solch ein derbes Lustspiel wie das „Stiftungsfest"
— pflegt man zu sagen — genügt doch feineren Anforderungen nicht. Man lacht, ja, aber das ist auch Alles!

Die Frage um's Lustspiel ist ein Kreuz beim deutschen
Theater. National ist uns nur das bürgerliche Lustspiel, will

sagen der Vorgang in bürgerlicher Gesellschaft. Der kann nicht leicht höheren und feineren Inhalt betreffen, und wird schon deshalb derbere Wirkung mit sich bringen. Das wird vom Publicum, eben weil es national ist, empfänglich aufgenommen. Je empfänglicher dies geschieht, je frischer das Publicum lacht, desto verdrießlicher sagt der kritische Zuschauer: es ist im Grunde nur eine Posse! Damit gilt das Stück für gerichtet, und Autor wie Theater kriegt keinen Dank, sondern im glücklichen Falle nur Entschuldigung.

Versucht es der Autor, die Interessen des Vorgangs zu erhöhen und zu verfeinern, dann wird er des französischen Geschmacks angeklagt, und findet auch nur einen kleinen Theil des Publicums dem Verständnisse geneigt, weil eben unsere feinere und höhere Gesellschaft nur einen kleinen Theil des Publicums umfaßt, und weil die Vorgänge in dieser feineren Gesellschaft dem größeren Theil des Publicums gesucht erscheinen. Greift aber das Theater zu den französischen Stücken selbst, dann hat es die heftigsten Vorwürfe der Ausländerei zu gewärtigen.

Diese Vorwürfe sind zwar gerade in Wien nicht am Aergsten, da man sich hier — nicht eben lobenswerth! — auch mit der lüderlichsten französischen Waare in lüderlicher Darstellung auf dem Vorstadttheater standesgemäß erlustigt. Aber die Vorwürfe sind ja nicht erledigt, weil ein gedankenloser Beichtvater sie verzeiht.

Ein gutes Theater muß da zwischen Schylla und Charybdis durchzusteuern suchen, zwischen nationaler Uebertreibung und leichtsinnigem Ungeschmack.

Es muß herzhaft auswählen, und diese Auswahl ist seit einigen Jahren sehr erschwert, seit die französischen Talente nur sociale Speculationen zum Thema wählen, welche nicht einmal in Frankreich, sondern nur in Paris Verständniß und Anklang finden. Paris will um jeden Preis geistvoll erscheinen, und läßt sich auch im Theater mit geselligen Zukunftsfragen beschäftigen. Paris mag auch — außerhalb seiner bürgerlichen Kreise, welche die alte Sitte bewahren — es mag auch die Ehe für einen überwundenen Standpunkt halten, wenigstens für einen leicht beweglichen, was nützt das uns Theaterdirectoren! Wir können im Theater nicht dergestalt speculiren lassen, weil unser Publicum nicht darauf eingeht. Unser Publicum ist zum Beispiel über die Ehe ganz andrer Ansicht als ein mit Geist kokettirendes Pariser Publicum, ein großer Theil der französischen Stücke bleibt also unbrauchbar für ein gutes deutsches Theater.

Aus all diesen Gründen hat ein deutsches Theater so große Noth mit den Lustspielen, obwohl und weil unser großes Publicum durchaus das Lustspiel haben will.

Es galt denn auch für unser neues Stadttheater als eine Lebensfrage, ob es die allgemein gesuchte Unterhaltung — so lautet das Wiener Wort — bieten könne.

Dieser erste Lustspielabend hing nicht just voller Geigen für die Direction. Es war frisch gelacht und applaudirt worden, ja; aber hinterher wiegte man doch fragend die Köpfe über Inhalt und Darstellung. Im Grunde blieb nur übrig, daß in Herrn Reusche ein erster Komiker gewonnen sei, wel-

chen die Burg seit Beckmanns Tode entbehre, und daß in
Frau Schönfeld eine angenehme, durch Einfachheit gewinnende
Schauspielerin für's Conversationsstück erworben sei. Sonstiges
Lob, sonstige Genugthuung ließ sich nirgends verspüren.

Ich kann nicht sagen, daß mich diese ersten beiden Erfahrungen überrascht hätten. Man hatte mir zwar von allen
Seiten zugerufen vor Beginn der Aufführungen: Getrost!
getrost! Kein billiger Kenner wird von einem nagelneuen
Theater gleich Vollkommenes erwarten, bewahre! Das ist ja
unmöglich ohne längere Uebung! — Im Grunde aber verlangte man's doch.

Und das ist natürlich. Ein Kunstwerk, sei es welcher
Art immer, kann nicht irgend welche Nachsicht in Anspruch
nehmen. Erfüllt es seinen Zweck, oder erfüllt es ihn nicht?
so liegt einfach die Frage. Sein Zweck ist: volles Wohlgefallen zu erregen. Erreicht es dies nur halb, da hilft kein
wohlwollendes Erklären, warum es nur halb genüge. Die
Gesetze der Kunst lassen nicht mit sich feilschen, und von der
Gnade lebt kein organisches Leben.

Darüber täuschte ich mich nicht, und ging gefaßt an die
dritte Aufgabe. Schon nach einer Woche brachten wir die
dritte neue Vorstellung heraus, denn wir hatten in breitem
Maße vorbereitet und voraus probirt. Dies dritte Stück
war ein nachgelassenes Werk Grillparzers: „Ein Bruderzwist
in Habsburg".

——————

5.

Es gehörte zu den unerwarteten Schwierigkeiten des neuen Stadttheaters, daß ihm auch die drei nachgelassenen Stücke Grillparzers streitig gemacht, und in der Mehrzahl entzogen wurden. Das wäre nicht geschehn, wenn uns der alte Dichter nicht kurz vor Eröffnung des Theaters durch den Tod entrissen worden wäre. Grillparzer war in seiner zweiten Lebenshälfte überhaupt gegen Aufführung seiner neuen, noch ungedruckten Stücke. Er verbarg sie sogar nach Kräften. Er scheute den Lärm, welcher mit ersten Aufführungen verbunden ist, er scheute den kritischen Streit über sich, und er hielt die drei nachgelassenen Stücke „Libussa" — „Die Jüdin von Toledo" — „Den Bruderzwist in Habsburg" nicht für ganz fertig, also auch nicht für ganz gelungen. Melancholisch schüttelte er das Haupt, wenn man ihn darnach fragte, positiv Nein sagte er, wenn man von einer Aufführung sprach. Nur allenfalls auf „Libussa" ging er einmal näher ein, wenn ich ihm sagen könnte, daß eine gute Besetzung möglich, und daß ein guter Erfolg wahrscheinlich sei. Das ist lange her, als er diese Möglichkeit einräumte. Ich selbst zögerte damals —

ich leitete noch das Burgtheater — aus mehreren Gründen.
Zunächst eben der Besetzung wegen. Alsdann fürchtete ich
den Schluß des Stücks, die Prophezeiung slavischer Zukunft,
so lange die gereizte Stimmung zwischen Deutschen und Sla-
ven im österreichischen Staate täglich scharf hervortrat. Endlich scheute ich mich, den empfindlichen Greis in die Aufregung
solch eines Vorgangs zu versetzen. Diese Bedenken hielten
mich ab, die unerwartete Einhändigung des Libussa-Manu-
scriptes zur Inscenesetzung des Stücks zu benutzen. Ich zögerte
wenigstens — und plötzlich kam mein Rücktritt vom Burgtheater dazu. — Zur neuen Direction des Burgtheaters hatte
Grillparzer kein Zutrauen, weder zu Münch noch zu Dingel-
stedt; er ließ das Manuscript in meinen Händen. Noch
weniger hätte er die zwei anderen Stücke diesen Directoren
des Burgtheaters überlassen.

Jetzt nach seinem Tode mischten sich aber doch referente
Vermittler so dringend in die Vertheilung des Nachlasses,
daß „Libussa" und „Die Jüdin von Toledo" dem Burgtheater zu-
fielen. Sie sind denn auch, wie Grillparzer vorausgesehn,
den Weg des Fleisches gegangen durch das versengende Fege-
feuer einiger Aufführungen, und sind dann tief beschädigt ins
Archiv gefallen. Die „Jüdin" namentlich durch ganz falsche
Besetzung.

Als der Bau des Stadttheaters begann, lebte Grillparzer noch. Er nahm lebhaften Antheil an dem Wagniß,
wie auch er es nannte, und wollte gern zum Gelingen bei-
tragen. „Wenn ich todt bin" — sagte er — „können Sie

3 *

auch meine letzten Stücke versuchen, falls Sie Lust haben. Dann thut's mir nicht mehr weh, wenn sie durchfallen, und von einem Verstorbenen läßt sich auch das Publicum eher etwas gefallen."

Wir versuchten es denn mit dem „Bruderzwiste". Einen Revers für den Alleinbesitz dieses Stücks hatten wir nicht, und mußten uns also beeilen, sonst kam uns das Burgtheater zuvor, welches jetzt auch gerade dies Stück von den nachgelassenen zuerst geben wollte. — Ein neues Theater und solch ein Stück, und eilig! Auch das war ein Wagniß.

Dies historische Drama ist nämlich im gewöhnlichen Theatergange schwer zu verwerthen. Die Charakterzeichnung ist ihm die Hauptsache, und der Gang der Handlung ist der Charakteristik dergestalt untergeordnet, daß Kaiser Rudolph, die Hauptperson des Stücks, alles Interesse in Anspruch nimmt für seinen Ideenkreis, und in diesem Ideenkreise herrscht die Scheu vor jeglicher Handlung. Mit dem vorletzten Acte sinkt der Kaiser bereits in den Tod, und nur zweiten Personen bleibt die schließliche Schilderung der Zeitverhältnisse überantwortet.

Letzteres geschieht wohl im Sinne der Composition mit gutem Fuge, aber nicht im Sinne eines herkömmlichen Theaterpublicums.

Der Ausdruck „Charakteristik" ferner bezieht sich in diesem Stücke nicht blos auf die Personen des Stücks, er bezieht sich auf die Schilderung der ganzen Zeit. Wie sich die Zeit gestaltet auch ohne die Hauptperson des Stücks, das gehört zur Absicht des Stücks. Und so muß es passen, daß im letzten Acte nur die Todesanzeige der Hauptperson auftritt.

Es paßt in Wahrheit. Aber der gewöhnliche Theatergänger meint, es fehle ihm etwas an der Erfüllung.

Mancher denkt da wohl an Shakespeares „Historien", und glaubt, Grillparzer habe sie zum Vorbilde genommen. Das ist aber keineswegs der Fall. Grillparzer war gar kein Verehrer der Shakespeareschen „Historien"; er tadelte ihre Compositionslosigkeit nachdrücklich, und nannte sie nur kräftiges Material, aus welchem erst Stücke zu machen wären. Chronikmäßig angehäufte Scenen ohne einheitlichen Kern waren ihm keine vollen dramatischen Kunstwerke, auch wenn darunter geniale Scenen. Und wenn man derlei Unfertiges auf die heutige Scene bringen wollte, so nannte er dies immer mit großem Nachdruck einen Mißbrauch des heutigen Theaters. Ein Theaterstück fordre zuerst und zuletzt eine volle Theaterform, eine Form wie zwei Jahrhunderte nach Shakespeare sie ausgebildet haben. Diese werthvolle Ausbildung wegwerfen und compositionslose Arbeiten aufführen hieß für ihn, welcher einen strengen Kunstsinn besaß, dilettantische Barbarei.

Dieser strenge Kunstsinn nun ließ ihn bis zu seinem Tode in Unzufriedenheit beharren mit seinem „Bruderzwiste". Er hielt ihn nicht für fertig zur Aufführung, weil ihm für den vollen Mittelpunkt um Kaiser Rudolph noch etwas fehlte. „Ich hab's gewußt was fehlt" — pflegte er zu sagen —, „ich hab's auch schon beim Zipfel gehabt, aber ich bin gestört worden, und jetzt bin ich ein alter Mann, der es vergessen hat"

Eine Aehnlichkeit seines „Bruderzwistes" mit den Historien Shakespeares wies er dabei ärgerlich weit ab. Er war
im Gegentheile, ganz seiner Künstlerschaft gemäß, auf einheit-
liche Composition bedacht gewesen. Er hatte nur den Rah-
men sehr weit gespannt, und einige intime Mittelglieder der
Handlung waren ihm nicht stark genug gerathen. Den natürlichen Sohn Cäsar und die Erzherzöge hatte er der Entwickelung des Kaisers näher bringen wollen. Das hatte er
sich erschwert durch ausführliche Charakteristik des Kaisers,
welche den Raum wegnimmt für eingreifende Handlungs-
scenen.

So erscheinen alle andern Figuren mehr oder weniger
nur episodisch hingestellt, nur zeitweise neben oder hinter dem
Kaiser, weil dieser sein Geistesleben vorzugsweise monologisch
entwickelt. Ueberschaut man am Ende das Ganze, so erscheint
wohl Alles wohlbedacht, und alle Beziehungen werden klar.
Theoretisch fehlt also dem Kunstwerke nichts, aber für die
Scene liegen die Fäden des Gewebes ein wenig zu weit auseinander.

So ungefähr hatte mich Grillparzer öfters abgefertigt,
wenn ich nach dem Stücke fragte, und es für die Aufführung
von ihm erbat.

Das Alles mußte ich jetzt zugeben, als ich es nun doch
zur Inscenesetzung in die Hand nahm. Denn da liest man
mit theatralischem Auge.

Der Kaiser Rudolph also muß ein starker Mann sein!
war das Resultat neuer Lectüre, welche immer einen neuen

Eindruck macht, wenn man sie unmittelbar vor der Inscenesetzung vornimmt.   Der Kaiser Rudolph muß auf der Scene
durch geistige Macht darüber täuschen, daß alle Anderen nur
episodische Ansprüche machen können.

Woher aber bei einem neuen Theater, dessen Personal
ich selbst erst unvollkommen kannte, solch einen Schauspieler
nehmen? — Mein Augenmerk war auf Herrn Lobe gerichtet,
den ich für erste Charakterrollen engagirt hatte. Aber er war
ungeübt im ernsten Fache, er war immer Komiker gewesen,
und hatte nur an wenigen ernsten Aufgaben sich versucht,
eigentlich nur am Mephisto, welcher in seiner Ironie und
Satire dem Komiker einen Uebergang bietet.   Er hatte gar
kein Repertoire im ernsten Charakterfache, und wollte sich's erst
im Stadttheater erwerben.

Welch ein Schlag war's nun für mich, als er mir seine
Meinung über den „Bruderzwist" ausdrückte! Ich hatte ihm das
Stück zum Lesen gegeben, und ihm angekündigt, daß er den
Kaiser Rudolph spielen sollte. — Seine Meinung lautete:
das Stück ist gar nicht zu geben, es kann keine Theaterwirkung machen, und ich kann den Kaiser Rudolph nicht
spielen.

Er hatte ja Recht vom gewöhnlichen Schauspielerstand-
punkte, daß dieser „Bruderzwist" kein leicht wirksames Theaterstück wäre.   Ich meinte aber auch Recht zu haben, daß es
bei sorgfältigster Einstudirung doch in Wien einen ehrenvollen
Erfolg haben könnte.   Die Hochachtung des kürzlich erst verstorbenen heimathlichen Dichters werde die Aufmerksamkeit für

alle geistigen Reize des Stücks aufrecht erhalten, auch wenn
für das oberflächliche Publicum der Vorgang nicht hinlänglich
anspreche, und es sei nun eben unsre Aufgabe, all diese
geistigen Reize hervorzuheben durch die Inscenesetzung.

Die Leseprobe war niederschlagend. Herr Lobe las den
Kaiser trocken und unmächtig, an vielen Stellen sogar unmächtig des Sinns. Ich muß ihm aber nachrühmen, daß
er von da an eifrigst bemüht war, sich der Aufgabe zu bemächtigen. Er ließ sich sogar mehrmaliges Vorlesen der Rolle
von mir gefallen, und nahm bei den Proben mein unabläßiges
Dreinreden, Corrigiren und Zureden geduldig hin. Und so
wuchs der alte Kaiser von Tage zu Tage, und war auf der
letzten Probe auch für mich ziemlich fertig.

Ein Beweis, wie viel im Theater erreicht werden kann,
wenn Leiter und Schauspieler gemeinschaftlich arbeiten, und
Eifer wie Ausdauer daran setzen. Der Schauspieler hat seine
Kunstschöpfung ja nicht vor sich wie der Maler und Bildhauer, er ist ja selbst das Kunstwerk, und für ihn ist es
geradezu unerläßlich, daß ihn ein Kundiger fortwährend und
genau sieht. Nur so erfährt der Schauspieler, wie er beschaffen sei. Deshalb wird ein Theaterdirector nie für die
Schöpfungen seines Theaters einstehn, wird sie nie in letzter
Instanz fördern können, wenn er nicht die Proben leitet von
Anfang bis zu Ende.

Dem Publicum erschien der Kaiser Rudolph des Herrn
Lobe so günstig, wie er mir nach all dem Zusetzen und Ab-
tönen auf der letzten Probe erschienen war, und damit war

auch dem schwierigen Stücke die günstige Aufnahme gesichert, denn es steht und fällt mit dem Kaiser.

Die zahlreiche Wiener Gemeinde Grillparzers, unsre besten Kenner, waren alle zugegen, und so fiel nicht das geringste geistige Korn des Stückes unbeachtet zu Boden, ja, es entwickelte sich ein Entgegenkommen, eine warme Stimmung für das nachgelassene Werk des Dichters, als ob man ein leicht verständliches, leicht wirksames Drama vor sich hätte, und ein vollständiger Erfolg war das Resultat dieses Wagnisses.

Wie kann dieser Erfolg aber bestehn in den Wiederholungen, bei denen diese Auserwählten des Publicums fehlen? Eine wohl aufzuwerfende Frage. Uebertriebene Sorge! Das Publicum respectirt außerordentlich den Stempel, welcher einem neuen Stücke aufgedrückt worden ist. Es ist geradezu froh, nicht selbständig richten zu müssen, und es ist äußerst bereit zur Anerkennung des gefällten Urtheils, wenn es sich um ein schweres Thema handelt. Jedermann erhebt sich da über sich selbst, und sucht und findet Lobenswerthes, was ihm ohne solchen Vorgang verborgen geblieben wäre. Jedermann fühlt das Bedürfniß in sich, in der Auffassung des Hohen und Edlen nicht zurückzubleiben. Es ist dies ein Gegensatz zur theologischen Erbsünde, es ist eine Erbtugend, welche im Theater sich entwickelt. — Wir konnten den „Bruderzwist" in zahlreichen Wiederholungen bringen, und er fand auch in der spätesten Wiederholung warme Anerkennung.

Zum Gelingen hatte außer Herrn Lobe der Cäsar des

Herr Robert tüchtig beigetragen. Dieser junge Schauspieler hatte unsern Tadel des Demetrius und die Gründe des Tadels ge= lassen hingenommen. Kein Vorwurf war ihm erspart worden, und er kam wirklich ganz gesäubert von den besprochenen Fehlern auf die erste Probe des „Bruderzwistes". Der herbe, trotzige Bastard Cäsar, eine kraftsprühende Schöpfung des greisen Poeten, mit allen aristokratischen Dreistigkeiten sagte ihm außerdem genau zu, und so lieferte er eine vortreffliche Rolle. — Fräulein Frank, das einzige weibliche Wesen des Stücks, spielte ihre undankbare kleine Rolle ganz angemessen, wurde aber auch hier nicht bemerkt. Herr Salomon hatte den episodischen Wallenstein im letzten Acte ganz interessant darge= stellt, und dadurch diesem verwaisten Acte einen Reiz verliehen.

So war denn ein großer Sieg errungen. Ein blutjunges Institut hatte eine historische Dichtung von größtem Umfange des Personals gut dargestellt, ja, es war in den Haupt= figuren vom nachfolgenden Burgtheater nicht erreicht worden, wie zahlreiche Stimmen behaupteten, indem sie Lobe, Robert und Salomon hervorhoben.

Nun waren wir also über den Berg? O nein! Das Zutraun in uns mochte gewachsen sein, aber wir bemerkten nicht viel davon. Selbst dann nicht, als wir neun Tage später den „Hamlet" mit großem Erfolge brachten. Ein neues Lustspiel lag dazwischen, welches uns wieder zweifelndem Achselzucken überließ.

6

Dies Lustspiel war „Diplomatische Fäden" von Hackländer.

Es spielt am Hofe eines kleinen Staates, der von einer
jungen Frau beherrscht wird. Diese Herzogin hat auf einer
italienischen Reise einen jungen Edelmann kennen gelernt, den
sie lieben möchte, wenn nicht eine standesgemäße, von Staats-
interessen geforderte Heirath solche Liebe untersagte. Sie
klagt über eine langweilige Existenz, welche durch die steife
Diplomatie an ihrem Hofe noch langweiliger gemacht wird.
Diese Herren Diplomaten, mit Abfassung eines Runkelrüben-
zucker-Vertrags schwer beschäftigt, sind mit starken satirischen
Zügen geschildert in der kleinlichen Betreibung ihres Metiers,
und der Führer derselben in den Händen des Herrn Reusche
sollte die Wirkung einer feinen Karikatur hervorbringen. Das
gelang nicht. Der geistige Hintergrund, welcher doch immerhin
nöthig war für diese mit sich selbst zufriedene Bornirtheit, kam
nirgends zum Vorscheine, und so wurde die Figur unersprießlich,
sogar lästig. Vielleicht ist auch wirklich diese kleine Diplomatie

kleiner Staaten mit den kleinen Staaten selbst heutigen Tages
überständig geworden. Hier wenigstens hätte sie unser Lustspiel rettungslos verspielt, wäre ihr nicht eine kühn entwor-
fene Gestalt zu Hülfe gekommen, die Gestalt eines Friseurs
Locke, welche zu den lustigsten Zeichnungen Hackländers gehört. — Locke will zu einem Balle der Pomaria, seiner Zunft-
genossen, und geräth auf den Hofball. Man hält ihn für
einen russischen Diplomaten und am Ende gar für den Bräutigam der Herzogin, einen benachbarten kleinen Fürsten, während jener junge Edelmann von der italienischen Reise dieser
kleine Fürst, und in der Stille Bräutigam der Herzogin
geworden ist. Das Ganze schließt denn auch sehr geschickt in
solchem diplomatischen Halbdunkel, daß nur das Publicum
und das Brautpaar davon unterrichtet sind, die ganze diplomatische Gesellschaft aber, welche ihre Gratulationen submissest
abstattet, dupirt bleibt.

Alle Scenen dieses Locke sind ungemein komisch, und
retteten das Ganze bis auf einen gewissen Grad, da sie von
Herrn Tewele meisterhaft komisch gespielt wurden. Dieser
junge Schauspieler, welchen ich vom Carltheater gewonnen
hatte, ist ein ausgesprochenes Lustspieltalent. Nicht ohne Geist,
voll wirklichen Humors, von eleganter Gestalt und mit uner-
schütterlicher Geistesgegenwart ausgerüstet, reicht seine Fähigkeit recht weit, auch über die komischen Aufgaben hinaus, wenn
er es zu Stande bringt, sich im Zaume zu halten. Das
unterläßt er freilich oft, als könnte er seine Zukunft, die eines
ersten Komikers, nicht zeitig genug erreichen.

Er war ein höchst werthvolles Mitglied des Stadttheaters, wurde uns aber in der ersten Zeit nicht hoch genug angerechnet, weil man ihn aus der Vorstadt kannte, und weil die Alltagskenner viel Zeit und viel Beweise brauchen, ehe sie von einem Bilde loskommen, das ihnen wohlfeil eingeprägt worden ist. Das Schaffen neuer Schauspieler besteht aber auch darin, daß man in den bereits bekannten Schauspielern Züge und Fähigkeiten erkennt, welche bei der schablonenhaften Beschäftigung verborgen geblieben sind. Es findet sich oft, daß diese verborgen gebliebenen Züge und Fähigkeiten die stärksten sind, welche der Schauspieler besitzt.

Im Ganzen ward uns diese Lustspielleistung in den „Diplomatischen Fäden", weil sie nur einen halben Erfolg gehabt, ins Schuldbuch geschrieben. In der That fehlten uns noch junge Lustspieldamen, und das Publicum sagte nicht mit Unrecht unter sich: Ja, das Lustspiel, das Lustspiel! Da fehlt noch Viel im Stadttheater!

Wir wußten das ebenso gut. Aber da ist nicht rasch zu helfen. Nichts bedarf so sehr wie das Lustspiel eines Personals, welches längere Zeit beisammen ist. Die Darsteller müssen sich kennen, müssen aneinander gewöhnt sein, um mit Leichtigkeit zu spielen und mit Behagen. Erst das gegenseitige Behagen weckt den Humor.

Kurz, wir mußten erst älter werden. Unterdessen thaten wir was uns erreichbar war durch Arbeit. Die Eintheilung der Arbeit birgt das Geheimniß reichlicher Hervorbringung, im Staate wie im Theater. Das Theater ist ja durchweg ein kleiner Staat. Während das Lustspiel auf der Scene probirt wurde

arbeitete der Vortragsmeister mit dem Personal der Tragödie.
Arbeitete! Nichts ist falscher als die Vorstellung, daß die
Aufgabe des Vortragslehrers nur Schulmeisterei sein könne!
Mit Anfängern, ja, allenfalls, mit vorgeschrittenen Talenten
aber ist es eine gemeinschaftliche Thätigkeit, vorzugsweise dazu
bestimmt, wie ich schon angedeutet, daß der Schauspieler fortwährend einen Spiegel vor sich habe, einen sprechenden
Spiegel. Der Spiegel spricht, wenn das Bild ungefällig
erscheint, oder gar unrichtig. Der Schauspieler widerspricht, und es folgt die Debatte. Ergiebt diese kein zu-
sammenstimmendes Resultat, dann wird der Director zur
Entscheidung angerufen.

Herr Robert zeichnete sich dadurch aus, daß er, obwohl im
ersten Fache beschäftigt, unbefangen mit dem Vortragslehrer
verkehrte, studirte und übte. Er erklärte offen, daß ihm ein
Spiegel wünschenswerth sei.

Er hatte als Anfänger vor mir im Burgtheater Probe
gespielt, und das schönste Talent bekundet, keine Spur von
Manierirtheit. Sie war ihm in Berlin angeflogen, wahrscheinlich weil ihn das Publicum durch Beifall verwöhnt
hatte, und sein eifrigstes Bestreben ging nun dahin, sie los-
zuwerden. Worin bestand diese Manierirtheit? Das war
die Hauptfrage, denn die Manierirtheit ist so mannigfaltig
wie die Eigenschaften des Künstlers sind, und ist meisthin die
Uebertreibung einzelner Eigenschaften. Wurde die Hauptfrage
richtig beantwortet, so war die Heilung wahrscheinlich, da
der Patient redlich die Hand bot.

Just nach dieser Richtung hin war jetzt das Einstudiren des „Hamlet" vor sich gegangen, der gefährlichsten Rolle für einen Manieristen, denn der wechselvolle, mit Wahrheit und Täuschung fortwährend spielende Hamlet scheint dem Schauspieler die wunderlichsten Faxen zu gestatten, und wird doch gründlich verdorben, wenn Wahrheit und Täuschung nicht ehrlich und einfach ausgedrückt wird.

Der „Hamlet" kam nun auf die Scene, um fünf Tage lang probirt, und am Abend des fünften Tages aufgeführt zu werden. Unter den besten Aussichten: alle die störenden Auswüchse im „Demetrius" waren in dem jungen Künstler beseitigt — bis auf den Gang. Der verrieth noch immer Absichtlichkeit, und sichtbare Absichtlichkeit ist das Hauptsymptom der Manierirtheit. Der Gang des Schauspielers ist aber am Schwersten zu verbessern, denn er ist die Summe seiner Eigenschaften, und wenn auch einzelne Eigenschaften beseitigt worden sind, so verändert sich doch die Summe schwer, so lange die Veränderung nicht eingedrungen ist in den Charakter des Künstlers. Im Gange drückt sich eben der Charakter des Menschen aus. Auch widersteht die körperliche Angewöhnung sehr zäh.

„Hamlet!" Mit tiefster Vorliebe geh' ich immer an die Inscenesetzung dieses Shakespeare=Stückes. Wie ein Trunk aus dem Zauberquell der ächten Dichtung lockt sie mich stets, obwohl ich vielleicht schon hundertmal das Stück probirt habe. Man entdeckt immer wieder neue Bedeutung, neue Lockung. Diesmal entdeckte ich einen wahrscheinlichen Einschub in den ursprünglichen Text. Und zwar ist dieser Eindringling kein geringerer Theil als der berühmte Monolog „Sein oder Nichtsein". Als Robert-Hamlet sprach:

„Nur daß die Furcht vor etwas nach dem Tode — —
Das unentdeckte Land, von deß Bezirk
Kein Wandrer wiederkehrt, den Willen irrt"

rief ich halt! halt! Das stimmt ja nicht! Vor einer halben Stunde haben Sie ja den Geist Ihres Vaters gesehn und gesprochen, welcher vom unentdeckten Lande wiedergekehrt ist! Können Sie das als verständiger Mensch Hamlet so schnell und so gründlich vergessen haben, daß Sie jetzt kühl behaupten, es komme kein Verstorbener wieder auf die Erde? Und im nächsten Acte sehn Sie den Geist ja nochmals im Zimmer Ihrer Mutter!

Welch eine Verlegenheit für den Hamletspieler! In der ernstesten Betrachtung solche Unwahrheit zu sagen, und auf die Unwahrheit die ganze Folgerung des Monologs zu gründen! Wie soll der Schauspieler darüber hinweg?

Selbst rathlos rieth ich, bei dieser Stelle einen Augenblick stockend inne zu halten. Aber dieser Rath und dieses Hilfsmittel ist nichts werth. Es verräth nur noch obenein dem feinen Zuhörer, welch ein Fehler da liege.

Wahrscheinlich ist dieser Monolog später eingeschoben worden, als das Stück längst eingebürgert war. Er ist auch scenisch an künstlicher Stelle. Ophelia ist auf der Scene, und Hamlet muß sich alle Mühe geben, sie nicht zu sehn, damit er dies Selbstgespräch halten könne. Da haben wir nun Berge von Shakespeare = Commentatoren, und ich erinnere mich nicht, daß aus einem einzigen diese Entdeckungsmaus hervorgesprungen wäre*). Vielleicht kommt sie nun mit dem Beweise, daß Hamlets Gedächtnißschwäche eine besondere Fein= heit sei.

Ebenso hilft kein Commentar genügend hinweg über die abfallende Schwäche der letzten zwei Acte. Das tiefere In= teresse ist mit der Scene im Zimmer der Mutter erschöpft, und die noch folgende Handlung, welche den Conflict lösen soll, entspricht den rege gemachten Erwartungen nicht. Sie kann's auch kaum bei einem Charakter wie Hamlet, welcher im Denken und Betrachten das Handeln vergißt. Nein, nicht vergißt, er hat sich noch gar kein Handeln vorgezeichnet. Shakespeare hat den alten Hamletstoff in den ersten drei Acten lediglich für seine ganz neu geschaffene Hamletfigur umgearbeitet, jetzt ist ihm sein Hamletthema erschöpft, und er greift, wie er das gewöhnlich thut, zum überlieferten Stoffe und zu dessen Thatsächlichkeiten, um das Theaterstück in Bausch und Bogen fertig zu machen. Nun überstürzt sich denn auch die Handlung.

Für die Scene meine ich deshalb nach dem dritten Acte

---

*) Doch nein, just als ich das Manuscript dieses Buches in die Druckerei senden will, kommt mir ein Shakespeare = Buch in die Hände, und da finde ich dieselbe Bemerkung. Aber freilich, das Buch stammt von dem verfehmten Gegner der Shakespeareenthusiasten: es sind die „Shakespearestudien" von Rümelin, deren zweite Auflage soeben erschienen ist. Der schlimme Rümelin! Wo den verhimmelnden Erklärern eine Unannehmlichkeit zu bereiten ist, da stellt er sich ein.

so kurz als möglich sein zu müssen. Namentlich im vorletzten
Acte, wo das Auftreten Hamlet's und sein stimmungswidriges,
spöttisches Besprechen des Polonius - Schicksals recht mißlich ist,
und wo die lästige Einschiffung und sofortige Wiederkehr nur
überhäufend oder zerstreuend wirkt. Es genügt für den vierten
Act: die Empörung des Laertes, der Wahnsinn und Tod
Opheliens und das Uebereinkommen des Königs mit Laertes,
den Hamlet mit vergifteter Rapierspitze zu tödten. Für den
letzten Act: die Kirchhof = und Begräbnißscene, und das ent=
scheidende Fechten. Wir sehen so Hamlet erst wieder, als er
in schwerer Stimmung im Kirchhofe auftritt, und das ent=
spricht auch unsrer Stimmung.

So nimmt man die Schlußacte in ihrer Kürze dank=
bar hin, weil für die äußerliche Lösung nichts vermißt wird,
und der außerordentliche Eindruck der ersten drei Acte mit
ihrem poetischen Zauber bleibt unbeirrt.

Unsere so eingerichtete Vorstellung gelang vortrefflich.
Robert war rein und mächtig, nach Joseph Wagner der beste
Hamlet den ich gesehn, Emil Devrient und Dawison nicht
ausgenommen. Emil Devrient war für den Hamlet zu alt
und zu weise, Dawison zu scharf und zu nüchtern.

Fräulein Frank wurde als Ophelia zum ersten Male
bemerkt. Die Rolle war in sorgfältigen Vorstudien mit Stra=
kosch ausgearbeitet, und ihr schönes poetisches Naturel wirkte
in den gedämpften Tönen dieses bis zum Irrsinn gedrängten
liebevollen Mädchens ungemein ansprechend.

Es war somit ein sehr werthvoller Sieg errungen, für

das neue Stadttheater absonderlich darum werthvoll, weil das Burgtheater jetzt keinen eigentlichen Hamlet besaß. Lewinsky und Sonnenthal spielen ihn. Für Lewinsky den Charakterspieler paßt er nicht, wenn ihn auch noch so viel Charakterspieler passend für sich erachten. Hamlet muß auch Liebhaber sein, die wichtige Beziehung zu Ophelia bleibt sonst wirkungslos, und die tiefen Gefühlstöne kommen nur aus der Brust eines liebenden Menschen. Sonnenthal allerdings ist eine liebenswürdige Natur, aber er ist keine tragische Hamlet-Natur. Er ist ein Hamlet wie ihn Schröder brauchte, einer der am Leben bleiben kann, nicht aber einer der dem tragischen Tode geweiht ist.

Half uns nun dieser Sieg weit? Das that er nicht. Die Stimmung blieb trotzdem zuwartend, und eine arge Störung lag auf der nächsten Schwelle.

———

7

Vier Tage später brachten wir ein vaterländisches Trauer=
spiel „Conrad Vorlauf". Dies ist der Name eines Bürger=
meisters von Wien, eines tüchtigen Mannes, welcher in den
Erbstreitigkeiten der österreichischen Herzöge zur reinen, recht=
mäßigen Partei hält, und darüber zu Grunde geht. Er wird
auf dem hohen Markt in Wien hingerichtet in dem Augen=
blicke, da der rechtmäßige junge Herrscher, um ein Geringes
zu spät, siegreich in die Stadt dringt.

Conrad Vorlaufs Gesinnung ist edel, sein Glaubens=
bekenntniß einfach und in wesentlicher Uebereinstimmung mit
den heutigen Grundsätzen liberaler Männer, ohne daß un=
zeitgemäß Gedanken sich vordrängen, und ohne daß man mit
Tendenzphrasen behelligt wird.

Die Composition ist lebhaft und spannungsreich, die Rede
ist der damaligen Zeit angemessen und ist auch für den jetzi=
gen Geschmack zupassend. Das Ganze ein wohlgefügtes
Theaterstück, zwar ohne hervorragendes Verdienst, aber auch
ohne störende Schwächen. Herr Lobe, welcher den schlimmen
Herzog zu spielen hatte, war so erbaut davon, wie er vom

„Bruderzwiste" unerbaut gewesen war, und prophezeite ein Zugstück.

Den Autornamen „Lehnert" hielt man für einen Kriegs= namen, da er unbekannt war in der dramatischen Welt, das Stück aber doch eine geübte Hand verrieth. Es ist auch nachträglich nichts in die Oeffentlichkeit gedrungen über diesen Namen.

Die Vorstellung nahm einen sehr glücklichen Verlauf, obwohl unser Liebhaber und unsere Liebhaberin des Stücks, welche mit Lebhaftigkeit ihr Bestes darboten, Wiener Anfor= derungen nicht befriedigten. Rauschender Applaus schien freundlich den Mangel verdecken zu wollen aus Sympathie für das Ganze, welches vom Anfange bis zum Ende mit einstimmigem Beifall aufgenommen wurde. Wir hatten bis daher für stärkere Leistungen nicht so viel Zustimmung er= fahren, und standen nach dem Schlusse vor einem glänzenden Erfolge. Herr Lobe hatte Recht behalten.

Eine Nacht lang dauerte dieser Erfolg. Auch in Wien herrscht die saure Gewohnheit, daß schon am nächsten Morgen alle Zeitungen ein Urtheil verkünbigen über das neue Stück, welches zum ersten Male aufgeführt worden ist.

Sie sollen — wollen auch vielleicht — nur einen Be= richt geben, wie es aufgenommen worden ist. Solch ein vor= sichtiger Bericht scheint aber sehr schwer zu sein, wenigstens gelingt er selten oder nie, und diese kurzen, gegen Mitternacht abgefaßten Nachrichten sind durchschnittlich kurzgefaßte Verbicte über Schicksal und Werth des neuen Dramas. Nun bringt

es das Herkommen mit sich, daß diese richtenden Berichterstatter nahe bei einander sitzen, weil sie sämmtlich vordere
Plätze, wo möglich Eckplätze verlangen. Sie sprechen also
mit einander, und es bildet sich leicht ein im Durchschnitt
gemeinschaftliches Urtheil, und so lautet denn am nächsten
Morgen der Richterspruch gewöhnlich ziemlich gleich. Um so
nachdrücklicher entscheidet solcher Richterspruch über Tod und
Leben eines neuen Stückes.

Das ist von größtem Einflusse in einer Stadt, welche
die Preßfreiheit früher ganz entbehrt und erst vor Kurzem
erhalten hat, welche also dem gedruckten Worte noch einen
naiven Glauben entgegen bringt.

Oft, ja zumeist trifft auch dies rasche Verdict das Richtige,
zuweilen aber führt es doch irre, weil ein Drama dem Geschmacke oder Vorurtheile des Journalisten mißfällig sein, und
doch warme Theilnahme bei unbefangenen Leuten finden kann.
Gerichtet bleibt aber das Drama auch in diesem Falle, wenn
die Morgennotiz absprechend klingt. Der Erfolg ist wenigstens
geknickt, weil das große Publicum dadurch bestimmt wird, und
das entgegenstehende Lob nicht öffentlich bekannt wird.

Die Notizen der Zeitungen lauteten nun am andern
Morgen sämmtlich vernichtend. Den großen Beifall des
Publicums ließen sie entweder unerwähnt, oder sie behandelten
ihn geringschätzig, und es blieb kein guter Fetzen an dem
Stücke.

Sofortige Folge davon war bei der Wiederholung des
Stücks an diesem Abende — die ersten zwei Vorstellungen

folgen einander unmittelbar — ein schwach besetztes Haus, und als unter deutlichem Murren der Zeitungen eine dritte Vorstellung gewagt wurde, ein leeres Haus. „Conrad Vorlauf" mußte vom Schauplatze verschwinden, obwohl das Publicum der zweiten und dritten Vorstellung ihn ebenso beifällig aufgenommen, wie das der ersten, und das Theater hatte trotz großen Applauses eine vollständige Niederlage erlitten. Denn das sofortige Verschwinden eines neuen Stückes vom Repertoire, auch wenn dies nur von der Casse dictirt wird, gilt für eine Niederlage, sobald die Zeitungen das Stück verurtheilt haben.

Nachträglich fanden sich wohl ein Paar öffentliche Stimmen ein, welche diese Vernichtung mißbilligten. Aber das war zu spät; es geht wie beim Standrecht.

Dieses Paar gelinderer Stimmen brachte eine Erklärung dieses Widerspiels zwischen Publicum und Kritik. Sie lautete: Jedes vaterländische Drama habe in Wien einen schweren Stand, insbesondere vor den öffentlichen Stimmen, eben weil es vaterländisch sei. Die Regierung Oesterreichs habe es zu lange vernachlässigt, ihren nationalen Mittelpunkt, den sie ja doch nur im deutschen Wesen haben könne, zu befestigen. Ein mühseliges Sammeln verschiedener Nationalitäten zu einem Reiche bringe es mit sich, daß die Kernnation kühl geworden sei im Patriotismus und nur bei großen Gefahren lebhaft hervortrete, weil man sie so lange geringschätzig behandelt habe. Die Hauptstadt Wien ferner sei in großer Anzahl ihrer Bewohner durch Einwanderung der verschiedenartigsten

Elemente bevölkert worden, und der österreichische und Wiener
Grundstock bilde kaum noch die Majorität der Wiener Bevölkerung. Unter den Schriftstellern Wiens wenigstens seien
gewiß die ursprünglichen Wiener in der Minderzahl. So er-
kläre sich's, daß die eigentlichen Wiener nicht zugereicht hätten,
ein vaterländisches Drama aufrecht zu erhalten, wenn die
Wiener Zeitungen sich gegen dasselbe ausgesprochen. In den
Wiener Zeitungen seien Einwanderer aus aller Herren Ländern die Mehrzahl und die Tonangeber. Und zwar vorzugsweise Juden. Diese sagten naturgemäß zu einem vaterländi-
schen Drama aus alter österreichischer Zeit: was ist mir
Hekuba?! Erst seit Kurzem zu menschenwürdigem Dasein
zugelassen, müsse ihnen ja doch irgendwelche Sympathie für
die alte Landesgeschichte fern liegen.

Wie Dem auch sei, für das Gedeihn eines Theaters
stehn wir hier vor einer Gegend, welche recht wüst ist. Nicht
blos in Wien. Die deutsche Theaterkritik hat stets die „besten
der Welten" gefordert, und nur die beste. Die gute genügt
ihr nicht. Sie hat zu Anfange des Jahrhunderts Schillers
Theaterstücke erbarmungslos zerrissen, und zwar in Berlin
und in Wien. Wer daran zweifelt, der verschaffe sich die
damaligen Zeitschriften, in Berlin den „Freimüthigen", in
Wien das Hormayrsche Sammelblatt, welche unglaubliche
Albernheiten über Schillers Stücke auftischten. Vor allen
Dingen hat die deutsche Theaterkritik den Standpunkt des
Theaters nie beachtet, und sie beachtet ihn auch heute nicht.
Ob dieses Theater lauter Meisterwerke bringen könne, dar-

nach fragt sie nicht. Es soll sie bringen, wenn nicht, soll es
verschwinden. Daher der ewige Refrain vom Sinken und
Untergehn des deutschen Theaters. Der „Freimüthige" und
Hormahr sagten das auch damals bei Gelegenheit eines gewissen Schiller. Solchen Kritikern liegt der Gedanke fern,
daß man die höchste literarische Forderung aufrecht erhalten,
und doch ein Theaterstück, welches diese höchste Forderung
nicht erfüllt, zulässig finden könne für's Theater.

Wie trefflich verstehen das die Franzosen! Mit uner-
schöpflichem Wohlwollen behandeln sie ihre Production für's
Theater. Jeder Splitter von Talent, welchen ein neues Stück
neben eitel Schwächen darbietet, wird gepriesen, wird als
Stoff zur Ermunterung für den Autor behandelt. Es fällt
ihnen gar nicht ein, daß durch solche Milde die höhere literarische Forderung Einbuße erleiden könne, dem Theater aber,
das wissen sie, wird dadurch Unterstützung geleistet, die Production für das Theater wird dadurch ermuntert. Wenn das
Jahr um ist, und der neue Autor keine Fortschritte gemacht
hat, so versinkt er in der Stille, die höheren Gesetze aber
bleiben unbeschädigt aufrecht.

So haben sie stets ein reges Schaffen für ihre Bühne,
wir aber haben immerfort über Mangel an Production zu
klagen, weil wir alle Autoren beleidigen, verfolgen und am
Liebsten mit einem Streiche todt machten. Standrecht! ist
unsre Losung für Theaterstücke.

Dieser „Conrad Vorlauf" war ein Stück, welches man
vielfach tadeln, aber für das Theater ruhig bestehn lassen

konnte. Es entsteht kein solcher einmüthiger Beifall, wie
bei den drei Vorstellungen dieses Dramas, wenn nicht eine
talentvolle Führung des Dramas vorhanden ist. Eine talent=
volle Führung ist aber bei jeder Kunst, auch bei der drama=
tischen, eine werthvolle Sache. Sie wie ein Nichts behandeln,
ist ein Fehler der Kritik und eine Beschädigung des Theaters.

„Conrad Vorlauf" wurde denn auch in Folge so ein=
seitiger Verurtheilung auf keiner andern Bühne gegeben, auf
keiner einzigen, obwohl es ein wirksames Theaterstück ist, und
zwar nicht mit schlechten Mitteln wirksam, und obwohl es
anderswo wahrscheinlich eine mildere kritische Besprechung ge=
funden hätte, als in Wien.

Und dabei hat doch gerade Wien ein journalistisches
Vorbild in der Theaterkritik, welches allen Anforderungen an
einen so billigen wie gerechten Kritiker genügt. Wenn ihm
nachgestrebt würde, dann hätte kein Autor und kein Theater
Grund zur Klage. Dies Vorbild ist Eduard Hanslick, wel=
cher in der Neuen Freien Presse die musikalischen Werke und
Aufführungen, in erster Linie die Opernaufführungen beur=
theilt. Seine Artikel sind von classischem Werthe. Sie haben
stets die höchsten Ziele der Kunst vor Augen, und behandeln
doch alle neuen Schöpfungen wohlwollend. Kein Fehler wird
verschwiegen, aber auch kein Vorzug, sei dieser noch so klein.
Dazu stets anmuthende Form, eine musterhafte Prosa —
nichts wäre erwünschter, als daß er eine Schule bildete für
Theaterkritik.

8

Der Schlag, welcher „Conrad Vorlauf" traf, hatte eine entscheidende Wirkung für das Stadttheater. Die ringsum noch zuwartende Meinung von dem neuen Institute erhielt ein Stichwort: Unvollkommen! Das zusammen getrommelte Personal — sagte man — genügt nicht für ein erstes Schauspiel!

Der Reiz der Neuheit hatte uns ohnedies wenig eingetragen, jetzt war er völlig dahin, und die Casse seufzte vernehmlich.

Was wir zunächst vorbereitet hatten und brachten, ein Lustspiel von Putlitz „Spielt nicht mit dem Feuer", war wie ausgesucht übel für die üble Situation. Putlitz gehört in erster Linie zu Denen, welche die absprechende, nur die „beste der Welten" gestattende Kritik in Wien immer verächtlich abgewiesen hatte. So empfindlich abgewiesen, daß Putlitz seit Jahren seinem Agenten verboten hatte, noch eins seiner neuen Stücke nach Wien zu verabfolgen.

Die Putlitzschen Stücke, eine anmuthige Mischung von Geist und Laune in anspruchsloser deutscher Form, sind auf

dem deutschen Theater sehr gern gesehn, und dies „Spielt
nicht mit dem Feuer" war überall in Deutschland ein be=
liebtes Repertoirestück geworden, nur in Wien nicht.   Das
Carltheater hatte es vor Jahren gebracht, und nichts damit
gemacht, wie der technische Ausdruck lautet.   Obwohl dies
Theater sonst hoch steht in der Gunst der Tageskritik, die
ihm gegenüber nur die vergnügliche Unterhaltung betont, welche
sie anderswo als unwürdig schilt, so war doch die dortige
Aufführung eines deutschen Originalstückes matt befunden und
geringschätzig beurtheilt worden.   Es war deshalb eiligst ver=
schwunden.   Dies jetzt wieder aufnehmen in einem neuen, an=
spruchsvollen Theater, welch ein Mißgriff!   Obenein nach
dem Fiasko „Conrad Vorlaufs"!

Demgemäß gestaltete sich denn auch die kritische Auf=
nahme des Lustspiels: wegwerfend.

Aber das Publicum war auch hier andrer Meinung: das
Stück gefiel.   Und da es ein Lustspiel war, also heitre
Unterhaltung, so faßte es Boden, und wir haben es unter
lebhaftem Beifalle oft geben können.   Recht wesentlich trug
zu dem Gelingen Herr Lobe bei, welcher den trocken komischen
„Weller" mit günstigster Wirkung spielte.   Auch der Helden=
liebhaber Herr Salomon, der gegen seinen Wunsch einen ge=
sunden Naturburschen, den jungen Schiffsmann, trefflich spielte,
desgleichen Frau Hasemann, welche einen Backfisch wirksam
illustrirte, und Frau Schönfeld, welche eine geschwätzige
Mutter natürlichen Tones vortrug, kamen dem anspruchslosen
Lustspiele siegreich zu statten.— es wurde mit einem Worte

ein Lustspielerfolg, welcher plötzlich auch dem kritischen Publicum einige Anerkennung abgewann. Man sprach sogar hie und da von einem möglichen Lustspiel=Ensemble. — Die Casse seufzte zwar weiter, aber die Künstler athmeten doch wieder auf. Denn ein Fiasko ist beim Theater wörtlich eine ver= lorene Schlacht, welche die Truppen demoralisirt.

Unser Theater war offenbar inmitten einer entscheidenden Krise. Ein neuer Unfall konnte vernichtend einschlagen, ein größerer Erfolg schien absolut nöthig. Und rasch mußte dieser Erfolg eintreten, denn wir waren schon auf der Höhe des Octobers. Da erhält die Saison ihre Signatur.

Was sollte nun an die Reihe kommen? Eine neue Wahl, welche den augenblicklichen Umständen angemessen wäre, ist bei einem neuen Theater nicht wohl möglich. Solch ein neues Theater braucht nämlich vor Allem neue Aufführungen um ein Repertoire zu gewinnen, und braucht sie doppelt, wenn Erfolge fehlen, bloße Wiederholungen also leere Häuser bringen. Deshalb müssen die Anordnungen und die Austheilung der Rollen auf weit hinaus und lange vorher geschehn, damit die Rollen früh gelernt werden können, denn jede Woche braucht eine neue Aufführung. Die Schauspieler sind da alle schon überaus in Anspruch genommen, und man kann da nicht, weil neue Umstände eingetreten sind, in der Geschwindigkeit ein neues Stück einschieben, welches den neuen Umständen ent= spricht. Die Frage stand also nur: was ist jetzt gelernt? Erst die zweite Frage war: paßt das Gelernte für die kri= tische Situation?

Kein Mensch kümmerte sich darum, wie gering für uns die Auswahl war! Der alte Ruf des Burgtheaters konnte uns schon die beste Novität weggenommen haben. Das Carltheater ferner kaufte und kauft die französischen Neuigkeiten alle vorweg, alle! Es kauft sie unbesehen, weil ihm Ehebruch und sonstige Frivolität von der Kritik nachgesehn werden, es also auch das ungelesene Stück in der Wiege erwerben kann. Wir im Stadttheater konnten ja das nicht. Nach all diesen Hindernissen fragt aber kein Mensch, man wartet nur auf das neue Stück, und ist bereit, alle Tugenden desselben anzuerkennen, wenn sie unterhaltend sind, und alle Schwächen streng abzuweisen.

Was war gelernt? Ein Stück von Paul Lindau, genannt „Maria und Magdalena". Ein unbequemer Titel. Eine „Maria Magdalena" von Hebbel war schon da, ein bloßes „und" sollte die Unterscheidung bilden. Unbequem! Das Publicum unterscheidet nicht so genau.

Der Name Paul Lindau's war literarischen Kennern wohl schon bekannt als der eines geistreichen, auch witzigen Schriftstellers. Im Theaterpublicum Wiens aber war er neu. Das wußte nichts von einem Stücke „Marion", welches Lindau in grell französischem Stil geschrieben, und an einigen norddeutschen Theatern zur Aufführung gebracht hatte.

Ich habe in meinem „Norddeutschen Theater" erzählt, daß ich's in Leipzig gegeben, obwohl es mir nicht gefallen. Zeichen von Geist und Talent darin hatten mich veranlaßt, dem Autor eine Inscenesetzung zu bewilligen, wie man einen

Wechſel annimmt auf lange Sicht, wenn man dem Ausſteller
eine zahlungsfähige Zukunft zutraut. Dieſe Zukunft konnte
nun anbrechen mit „Maria und Magdalena". War dem ſo?

Dies zweite Stück Lindaus erſchien mir allerdings wie
ein rieſiger Fortſchritt über jene „Marion" hinaus. Heimath=
liche Perſonen und Zuſtände, originelle Charaktere, allerliebſte
Satire, lebensvoller, geiſtreicher, oft ſehr witziger Dialog —
ich hatte es nach der erſten Lectüre ſofort ausſchreiben und
austheilen laſſen, ich meinte, eine neue reizende Kraft für's
Luſtſpiel gewonnen zu haben.

Aber zunächſt war ich allein mit dieſer günſtigen Mei=
nung. Das Stück war noch nirgends gegeben, ich hatte die
erſte Abſchrift, und Herr Lobe, der wie gewöhnlich eine Rolle
zurückwies, welche ſpäter Döring in Berlin geſpielt, war
wiederum gar nicht meiner Meinung über den Theaterwerth
des Stückes.

Ob die Wiener meiner Anſicht ſein würden ſtand da=
hin. Ich glaubte, es hoffen zu dürfen. Geiſt bringt immer
durch wie ein guter Regen, und lebensvoller, ſogar witziger
Dialog iſt in Wien immer von unwiderſtehlicher Macht.

Die Beſetzung war ziemlich gut von uns zu ſtellen.
Nur für die Hauptrolle der Maria hatte ich leider Lindau
nicht für meine Wahl bekehren können. Ich wollte dafür
Fräulein Frank, er aber hatte dieſe Schauſpielerin in Berlin
an einem zweiten Theater in untergeordneter Rolle geſehn,
und der Anfängerin von damals traute er ſeine Hauptrolle
nicht zu.

So wurde denn in so schwierigem Momente am 19. October das neue Stück eines neuen Autors zum ersten Male aufgeführt. Die Proben waren in Gegenwart des Dichters sorgfältig gehalten worden, oft unter schmerzlichem Stöhnen Lindaus über mein rechthaberisches Anordnen — der Abend war da, welcher über einen jungen Dichter und ein junges Theater richten sollte, unter den erwähnten Umständen vielleicht entscheidend richten sollte.

Der Anfang gerieth günstig. Herr Reusche wirkte als eitler Plebejer durch die derbkomische Farbe, welche Lindau dieser Rolle verliehen, und Herr Friedmann setzte die Zuhörer in Bewegung durch sanguinischen, herausfordernden Spott über die Frevelthaten moderner Gesellschaft — wir durften das Beste hoffen. Und als dann im weiteren Verlaufe auch episodische Scenen, wie die des Theateragenten, trefflich dargestellt von Herrn Thyrolt, und zuletzt ein scharf gezeichneter Cavalier „von jedem Gesichtspunkte aus" — wie er zu sagen pflegt — dankbar gewürdigt, Rosenkranz und Güldenstern aber, seine zupassenden Begleiter, mit fröhlichstem Gelächter begrüßt wurden, da war das Glück des neuen Lustspiels entschieden.

Des Lustspiels, obwohl es Schauspiel genannt war auf dem Theaterzettel, Schauspiel, weil der Mittelpunkt der Vorgänge das ernsthafte Schicksal einer verstoßenen Tochter ist.

Diese Titelfrage —. Schauspiel oder Lustspiel? — ist nicht unwichtig. Wir wagen es in Deutschland immer noch nicht, ein Stück Lustspiel zu nennen, sobald die Haupthand-

lung ernsten Charakters ist. Theoretisch sagen wir, ist da der
Titel Lustspiel unzulässig, wo nicht auch der Kern des Themas
eine heitere Deutung zuläßt. Praktisch verliert das Theater
durch diese Bedenklichkeit; denn die Aufmerksamkeit des Publicums wird viel mehr erregt durch den Titel Lustspiel als
durch den Titel Schauspiel, und die Theilnahme bei der Aufführung gestaltet sich viel lebendiger, wenn der Titel von
vornherein eine fröhliche Stimmung berechtigt. Kommt dann
die ernste Partie des Stücks, so versagt der ernste deutsche
Charakter niemals die entsprechende Theilnahme und dieser
Charakter ist doppelt dankbar, wenn eine behagliche Wendung
den Ernst erleichtert. Der Contrast erhöht ihm den Reiz.

Umgekehrt aber, wenn das Lustspiel keine ernsten An-
haltspunkte bietet, ist der deutsche Charakter sofort geneigt,
sich und dem Anter Leichtsinn vorzuwerfen, und seine Würde
dadurch sicher zu stellen, daß er sagt: Schade, schade! Eigentlich
ist's doch nur eine Posse!

Unser Naturel wie unser Talent ist nicht besonders geeignet für den theoretisch reinen Begriff des Lustspiels. Wir
thäten deshalb wohl besser, wenn wir mit dem Titel Lustspiel auf dem Theaterzettel nicht so zaghaft wären. Wir
brauchten deshalb doch nicht so weit zu gehn wie die Franzosen, welche Alles „comédie" nennen, was nicht geradezu
Trauerspiel ist. Aber Stücke zum Beispiele von der Art der
Lindauschen könnten wir getrost als Lustspiele ankündigen.
Lindaus Eigenthümlichkeit wird nie zulassen, daß der Ernst
seiner Handlungen die Stimmung beherrscht, er wird seinem

Witze und Humor immer den Zügel schießen lassen, und aus
jedem Schauspiele ein lustiges Schauspiel machen. Das ist
für das deutsche Theater eine sehr wichtige Gattung, weil sie
für das deutsche Publicum sehr populär ist.

„Maria und Magdalena" wurde populär, wurde ein Zugstück. Nicht blos für uns, sondern für alle deutschen Bühnen.
Paul Lindau hatte sich, und wir hatten ihn eingeführt als
ein neues frisches Talent. So hatte unser Stadttheater eine
günstige Signatur erhalten. Frei und fröhlich lautete sie in
einer neuen Gattung des Schauspiels.

Jetzt erst hatten wir, wenigstens nach einer Richtung hin,
Boden gewonnen, und wie ein Glück nie allein kommt, so
errangen wir nach Verlauf einiger Wochen auch nach andrer
Richtung hin einen großen Erfolg.

Dazwischen lag die Aufführung einer modernen französischen
comédie mit tragischem Ausgange, für unser Publicum ein un-
lösbarer Widerspruch, „Die Gräfin von Somerive" von Barrière.

Ich will nicht wieder des Breiteren die vielbesprochene
Frage erörtern, ob die modernen Conversationsstücke der Franzosen zuzulassen oder abzuweisen seien vom deutschen Theater.
„Es giebt ein Maß in den Dingen", sagten schon die Römer.
Es muß Maß gehalten werden in dieser Zulassung und Ab-
weisung, und wie es scheint haben die verschiedenen Theile
Deutschlands darin verschiedenes Maß nöthig, weil ihr Geschmack verschieden ist, oder weil ihr Geschmack verschieden gemacht worden ist durch öffentliche Stimmen und durch ver-
schiedene Erfahrung.

In Norddeutschland haben die Franzosenkriege eine tiefe Furche gezogen, und der norddeutsche Charakter neigt mehr dem englischen Wesen zu, im eigentlichen Norden ganz ersichtlich. Mitteldeutschland ist ziemlich neutral, durch die öffentlichen Stimmen aber in Betreff der Theaterstücke auch antifranzösisch. Diese Stücke werden dort mißtrauisch angesehn, da die großen Städte fehlen mit ihren Dreistigkeiten, und diese Stücke kaum verstanden werden mit ihren dreisten Erfindungen. In Süddeutschland ist das lebhaftere Naturel weniger bedenklich, soweit es fränkisches Naturel ist. Der bayrische und schwäbische Stamm ist viel strenger für französisches Thema. In Oesterreich dagegen ist das leichtgesinnte fränkische Wesen vorherrschend, trotz der Verwandtschaft mit dem Bayer, welche in Oberösterreich zu Tage tritt. Niederösterreich ist anders, und in Wien speciell begegnet die französische Komödie einem positiv entgegen kommenden Geschmack. Unter den Gebildeten Wiens herrscht ein geradezu günstiges Vorurtheil für französische Theaterform. Ich sage Form. Nicht die grellen, unausgeglichenen Stoffe, aber der geistreiche Dialog und die graziöse Wendung in Führung des Hergangs sind äußerst willkommen.

Ein Schauspieltheater in Wien, welches grundsätzlich die französische Komödie ausschlösse, würde sich thatsächlich vom Interesse des gebildeten Publicums ausschließen. Ein feines, graziöses Stück, woher es auch kommen möge, ist in Wien ein Zugstück, und ein französisches hat das günstige Vorurtheil für sich.

5*

So liegen die Dinge in Bezug auf die französischen Stücke im deutschen Theater. Die Gegner derselben betonen den unmoralischen Inhalt der französischen Komödieen, die Freunde derselben betonen die reiche Erfindung in geschickter Form.

Letztere gründlich entbehren wollen, sieht der Barbarei ähnlich, wie ein Ei dem anderen. Die Frage steht also nur dahin, ob dem unmoralischen Inhalte auszuweichen sei. Dies geschieht, indem man die Stücke von grellem Inhalte ausschließt.

Nun beginnt die Debatte: was ist frivol, was ist unmoralisch? — Diese Debatte ist ewig wie die Entwickelung der menschlichen Gesellschaft. Auch wir Gestrengen haben eine Menge von Grundsätzen und Gewohnheiten angenommen, welche in früheren Jahrhunderten geächtet waren. Ein Theaterdirector muß sich eben darauf verstehn, die Spreu vom Weizen zu sondern, und die Spreu auszuscheiden. Ein künstlerisch gewissenhafter Theaterdirector wird des jüngeren Dumas moralische Experimente, welche unmoralische Allüren in vorderste Reihe stellen, nicht geben, wenn sie auch im Vorstadttheater Zulauf finden, und wenn er auch desselben Autors geistvolle Stücke aufführt, die frei sind von solchen Experimenten und Allüren. Kurz, „es giebt ein Maß in den Dingen", und wenn dies eingehalten wird bei Aufführung französischer Komödieen, so wird unser Geist, unsre Literatur und unser Theater bereichert und nicht beschädigt werden.

Diese „Gräfin von Someriv" hat ihre Schwäche darin,

daß sie grausam moralisch ausgeht. Das mag der fanatische Moralist verzeihen, der unbefangene Kunstfreund schüttelt den Kopf dazu.

Das Stück spielt auf dem Landgute des Marquis von Ceferanne in der Nähe von Paris. Der Marquis und die Marquise sind junge freundliche Leute. Sie haben ein junges Mädchen, Alice Valory, zu längerem Besuche bei sich aufge= nommen, und finden sie sehr liebenswürdig. Sie bedauern fast, daß die Mutter Alicens jeden Tag erwartet wird, um ihre Tochter abzuholen. Auch der junge Henry Kerdren ist entzückt von der Liebenswürdigkeit Alicens, und vergißt einen Augenblick, daß er schon verlobt ist mit Lucienne von Somerive. Einen Augenblick. Dieser Augenblick genügt aber, um Alicen mit der Hoffnung zu erfüllen, daß sie die Seinige werden könne. Da kommt der Graf von Somerive an mit seiner Tochter Lucienne, und wir erfahren, daß diese Lucienne keine Mutter mehr hat, weil die Gräfin Somerive dem Grafen untreu geworden und vor nahezu zwanzig Jahren entflohen ist. Man hat nie wieder etwas von ihr gehört, sie kann todt sein. Der Graf äußert sich in verächtlichster Weise über sie, und reis't sogleich wieder ab nach Paris, wo ihn Ge= schäfte erwarten.

Die beiden Mädchen, die eine vater=, die andre mutter= los, machen herzliche Bekanntschaft miteinander, und wir sehen, daß Alice leidenschaftlich, Lucienne sanft ist. — Die Mutter Alicens kommt an, und hört mit Freuden von ihrer Tochter, daß sie einer glücklichen Liebe sicher sei. Man stellt sich

gegenseitig vor, und es offenbart sich dabei für Alicen, daß
Henry der Verlobte Luciennens, für die Mutter Alicens,
daß der Graf von Somerive der Vater Luciennens ist. Alice
ist ins Herz getroffen, Frau Valory, ihre Mutter, erschüttert.
Wir erfahren, daß Frau Valory die entflohene Gräfin Somerive ist, welche jetzt ihrer älteren Tochter Lucienne uner-
kannt gegenüber steht, und einem Zusammentreffen mit dem
erzürnten Grafen Somerive ausgesetzt ist. Der Vorhang fällt.

Im zweiten Acte will Frau Valory eiligst fort, um einer
solchen Begegnung auszuweichen. Aber einmal doch möchte
sie ihre Lucienne umarmen, welche sie seit zwanzig Jahren
nicht gesehen. Die Marquise, welche die Gräfin Somerive
in Frau Valory erkennt, verschafft ihr durch eine liebenswürdige Wette diese Umarmung, und wir erfahren aus einem
sehr interessant gesteigerten Gespräche zwischen der Marquise
und Frau Valory-Somerive, daß die Untreue der jungen
Gräfin Somerive durch eine Ueberraschung herbeigeführt worden sei. Lange Abwesenheit ihres Gatten und Eitelkeit der
reizbaren jungen Frau habe diese Ueberraschung möglich gemacht. Verzweiflung sei die Folge gewesen und sofortige
Flucht. In Mangel und Reue hat sie die lange Zeit ver-
bracht — was nun? Neue sofortige Flucht. Die Marquise
beschwichtigt sie mit der Versicherung, daß Graf Somerive
erst in einigen Tagen zurückkehren werde, und ein Besuch
aus der Nachbarschaft unterbricht das Gespräch. Der Besucher
ist ein leichtsinniger junger Herzog von Mirandal, ein Mann
von fröhlichster Laune, welcher auch in Alicen verliebt ist,

und der Unglücklichen mit frivolen Anträgen nahe tritt. Sie weis't ihn mit Entrüstung zurück. Er entdeckt, daß er eine Thorheit begangen, und da Henry störend eintritt, und seine Eifersucht herausfordernd äußert, so entschließt er sich kurzweg und sehr erheiternd, Alicen seine kleine Herzogskrone anzutragen, und Henry zu fordern.

Es folgt nun eine leidenschaftliche Scene zwischen Alice und Henry, welche damit endet, daß wir wieder zu hoffen wagen. Er beweis't ihr, daß er Lucienne nicht liebe, daß sein Herz ihr gehöre, und daß er demgemäß handeln werde. Schluß des zweiten Actes.

Im dritten Acte schreibt Henry den Absagebrief an den Grafen Somerive, und versäumt darüber die Duellstunde. Der Herzog kommt mit komischer Nachfrage, und wird durch den Marquis, den Vertrauten Henrys, nun auch ins Vertrauen gezogen. Rathen Sie uns, ruft der Marquis, wie würden Sie's anfangen, Ihr Wort zurückzunehmen, wenn Sie, im Begriff sich zu verheirathen, inne würden, daß Sie nicht Ihre Braut, sondern eine Andere liebten? — Der Herzog antwortet nach einiger Ueberlegung: ich würde mit einer Dritten durchgehn — da tritt Graf von Somerive ein, welcher unerwartet von Paris zurückkehrt.

Der Absagebrief liegt da. Lucienne selbst, welche ihn findet, übergiebt ihn dem Vater. Bestürzung des Grafen. Frage: wer ist die Geliebte, welche Henry abwendig macht? Das Fräulein Alice Valory — in diesem Augenblicke erscheint hinten an der Thür Frau Valory, welche nichts von der An-

kunft des Grafen weiß. Sie tritt ein — sie stehen einander
gegenüber, die feindlichen Ehegatten.

Es folgt eine erschütternde Scene. Der rächende Gatte
zerschmettert sie mit Anklagen, und — ihre beiden Töchter
lieben denselben Mann.

Sie verspricht, Alles aufzubieten, daß Alice zur Ent-
sagung bestimmt werde. Scene zwischen ihr und Alice, fast
noch aufregender als die zwischen ihr und dem Grafen.
Alice, das Geheimniß ihrer Mutter nicht kennend, sieht keinen
Grund, der ihr Entsagung aufnöthige. „Dieser Lucienne soll
ich mich opfern, dieser Lucienne, die ich hasse?!" ruft sie im
Ueberschäumen der Eifersucht und ohne Ahnung, daß sie ihre
Schwester bezeichne. „Einen Grund", wiederholt sie, „einen
Grund!" Frau Valory entgegnet: Ich habe der Mutter
Luciennens, welche todt ist, ein heiliges Versprechen geleistet.
„Oh", ruft Alice, „ihre Mutter ist nicht todt. Am Diener-
zimmer vorübergehend, jetzt eben, hab' ich die Leute sprechen
hören von einer Gräfin Somerive. Sie sagten, daß diese
Frau einen Gatten besaß (Graf Somerive tritt ein) und ein
Kind, dennoch" — Frau Valory: Erbarmen, Erbarmen!
Schmähe mich nicht vor ihm! — Alice: „Schmähen — ich
— Sie? Wer ist der Mann" —?

Kurz, das arme Mädchen erfährt jetzt, daß ihre Mutter
die Gräfin von Somerive und daß Lucienne ihre Schwester ist.
„Meine Schwester! die ich um ihr Lebensglück bestohlen, deren
Zukunft ich vernichtet habe! — Aber was soll ich — was
soll ich thun, ich? Was —?"

Hiermit schließt der Act unter außerordentlicher Wirkung. Der Dichter steht nun aber vor einer kaum möglichen Lösung. Er hat sich für die tragische entschieden: Alice stürzt sich ins Wasser. Der Brief, welchen sie zurück gelassen, ist allerdings von überwältigender Rührung, aber ihr Tod, und daß sie dann noch als schöne Ophelienleiche auf die Scene gebracht wird, befriedigt nicht poetisch. Den Fehl der Mutter noch so am Kinde zu rächen geht über die sittliche und ästhetische Forderung hinaus. Es ist zu moralisch.

Später habe ich, weil alle Welt sich über diese Grausamkeit beklagte, eine Aenderung versucht, und Alicen retten lassen, nachdem ich durch kleine Striche und Zusätze die Vereinigung des Herzogs mit Lucienne möglich gemacht. Aber auch das befriedigt nicht. Die Spannung ist schon zu weit getrieben, als daß eine rasche Umkehr noch glaublich erschiene.

Ich erzähle das Stück in solcher Ausführlichkeit, um einen Beweis zu bringen, daß keineswegs immer die Unsittlichkeit in den modernen französischen Stücken regiert, sondern daß wie hier in der „Gräfin von Somerive" gar oft ein ästhetischer Fehler der französische Fehler ist. Die Franzosen stecken tief in der romanischen Schwäche, welche meint: ein gewaltsames Ende sei auch eine ästhetische Lösung. Dumas läßt in seiner geistvollen „Diane de Lys" den unschuldigen Maler in der letzten Scene trocken erschießen, und so verfährt eine große Anzahl französischer Dramatiker.

Die Franzosen sind fast nie für uns brauchbar, wo die Durchschnittslinie geselliger Verhältnisse überschritten wird, und

wo sie zu tragischen Wendungen greifen. Da sind sie roh
für uns, dieselben Talente, die sich uns überlegen zeigen in
der Composition geselliger, ja gesellschaftlicher Komödienconflicte.
So überlegen, daß den Theatern ein wesentlicher Reiz fehlen
würde, wenn sie für unsre Bühne gar nicht vorhanden sein
sollten.

9

Die Darstellung der „Gräfin von Somerive" nützte dem Stadttheater nicht viel; sie beeinträchtigte im Gegentheile beinahe das Zutraun in unser Vermögen, denn die Besetzung der Rollen genügte in einigen Hauptfiguren nicht. Alice war geistig zureichend, aber sie war ungraziös, der Graf und die Gräfin — Herr Lobe und Frau Schönfeld — erschienen nicht vornehm genug. Der Gräfin fehlten auch die tragischen Accente im letzten Acte, und dem Grafen fehlten die Accente des Adels, welche für eine unschöne Haltung des Unterkörpers hätten entschädigen können. Ausgezeichnet war nur Herr Tewele gewesen mit seinem guten Humor als Herzog von Mirandal, gut Fräulein Frank als Lucienne und Herr Glitz als Henry. Der Sinn und Geist des Stückes war wohl durch ein geschmeidiges und sorgfältig abgestuftes Ensemble zu voller Geltung gekommen, aber bei einem Conversationsstücke ist das Wiener Publicum sehr wählerisch in Betreff der Schauspieler, und die Dissonanz des letzten Actes hatte das Publicum über Sinn und Geist des Stückes verwirrt. Der schließliche Eindruck war unharmonisch, und das

bezahlt immer das Theater — wir hatten nahezu umsonst
gearbeitet mit der sorgsam betriebenen Inscenesetzung dieses
Stücks, und brauchten schon wieder eine neue Eroberung.

So gingen wir an die Proben von Wilbrandts „Grafen
von Hammerstein". Ein Ritterstück! Faustrecht, Vehmgericht,
Waffenlärm, überspannte Minne! Was steht davon zu hoffen
in heutiger Zeit, welche sich bequem machen will in Sachen
der Phantasie, und welche durch die materielle Ausführlichkeit
der heutigen Inscenirung immer bequemer wird! Der Luxus
der Ausstattung ist das Lotterbett für ein gedankenloses
Publicum, und ist der Erbfeind keuscher poetischer Welt. Ein
Theater, welches in erster Linie das Auge befriedigen will,
beeinträchtigt das Ohr; das Ohr aber ist für ein gutes
Theater das wichtigere Organ.

Ich war indessen eingenommen für das Ritterstück, und
hatte es schon in Leipzig geben wollen. Sein Thema gehört
nicht blos der Ritterzeit, und dies Merkmal ist entscheidend
bei der Wahl historischer Stücke für's Theater.

Mir lag außerdem viel daran, poetische Talente wie
Wilbrandts auf dem Stadttheater zu haben, und mit dem
„Hammerstein" ergab sich auch die Gelegenheit, die berechtigte
Existenz des Stadttheaters neben dem Burgtheater zu erweisen.
Das Burgtheater nämlich durfte dies Stück nicht geben, weil
der Conflict zwischen geistlicher und weltlicher Macht darin
behandelt wird. Und doch ist dies ein ewiger, ist dies der
wichtigste Conflict!

Wir waren geradezu dafür da, solch ein Stück zu geben,

und so ward es in Scene gesetzt ohne Rücksicht auf das Vorurtheil gegen rasselnde Panzer eines Ritterstücks.

Die schön gedachten und geführten ersten Acte wirkten überaus günstig, die schwächere Mitte ließ den Antheil des Publicums nicht sinken, und der lebensvolle letzte Act mit seinem rührenden Contraste hob die Theilnahme wieder auf volle Höhe — der Erfolg des ganzen Stückes war ein durchschlagender.

Er wurde auch ein andauernder. — Dies ist in Wien immer nur der Fall, wenn auch die Darsteller der Hauptrollen sympathisch wirken, und dies war hier der Fall bei Fräulein Frank-Irmgard, bei Herrn Robert-Hammerstein und bei Herrn Salomon-Franken.

Ein kühleres Publicum — und auch das kaum — mag ein Stück lieben als Stück, als die That des Poeten und ohne Rücksicht auf die Darsteller, ein ächtes Theaterpublicum wie das Pariser und Wiener braucht ganz entsprechende Schauspieler, braucht eine wohlgefällige Darstellung.

Dies Thema ist unergründlich, und der dramatische Dichter ist da den herbsten Erfahrungen ausgesetzt. Sein Werk muß lebensfähig sein auf der Bühne, sonst rettet es auch nicht der beste Schauspieler vor dem Untergange, und der beste Schauspieler macht keine Wirkung mit seiner Rolle, wenn diese Wirkung nicht vom Dichter hinein gelegt worden ist — und doch muß der Dichter meisthin zurücktreten im Theater vor dem Schauspieler, welcher eine gute Rolle spielt. Der Schauspieler erntet da jegliches Lob, des Dichters wird

gar nicht gedacht. Das Auffallendste ist, daß selbst die Kritiker gemeinhin nicht zu unterscheiden wissen, wohin der Schwerpunkt zu legen sei. Wie beliebt ist die Redensart: Ja, wenn
unsre darstellenden Künstler nicht so außerordentlich gespielt
hätten, das Stück wäre verloren gewesen! Als ob der beste
Schauspieler eine gute Wirkung machen könnte, wenn ihm
die vom Dichter vorgeschriebene Situation und Rede nicht
wirksame Gelegenheit bietet, insbesondere die Situation, welche
ja nur der Dichter schafft.

Woher kommt das? Im Theater herrscht eben die theatralische Kunst, nicht blos die dramatische. Man fragt nicht
darnach, woher diese theatralische Kunst ihre Hilfsmittel nehme,
sowie man nicht fragt, woher der Schauspieler sein schönes
Organ habe oder seine schöne Gestalt, und der Dichter mag
mit Aerger oder mit Lächeln zusehn, wie der Schauspieler
selbstbewußt die dichterischen Lorbeern pflückt, und sie seinem
alleinigen Verdienste zuschreibt.

Wer für die Bühne schreibt muß Wohl und Wehe mit
den Leuten der Bühne theilen, und zwar muß er den Schauspielern den Löwenantheil lassen. Das ist ihr „Herrenrecht
zu Arras“.

Von den drei genannten Schauspielern trug Fräulein
Frank als Irmgard die Palme des Vortheils davon. Des
Vortheils. Die Aufmerksamkeit wurde zum ersten Male ganz
auf sie gelenkt. Die schönen Mittel — Antlitz, Gestalt, Organ
— wurden zum ersten Male hoch gehoben durch klaren Vortrag und leidenschaftlich warmen Ausdruck, welcher überraschte.

Diese junge Dame war aus Bremen zu uns gekommen. Dort hatte sie nach kaum zweijähriger Bühnenthätigkeit angefangen, größere Rollen zu spielen. Ganz unausgebildet in den Elementarbegriffen des Vortrags erweckte sie mir doch durch ihr sympathisches Naturel und durch ihre Ehrlichkeit des Ausdrucks gleich auf der ersten Probe die besten Hoffnungen, und ich empfahl sie Strakosch auf das Dringendste. Er hatte sie im Berliner Victoriatheater das kleine Röllchen einer Fee sprechen gehört, und sie hatte auch ihn so günstig angemuthet, daß er sie mir zum Engagement vorgeschlagen. Er übte nun mit ihr unabläſſig, und sie gab sich dem Studium mit Eifer und Ausdauer hin — dieser Erziehung verdankt sie den Aufschwung ihres Talentes.

Es ist offenbar, daß dem deutschen Theater zahlreiche Talente verloren gehn, weil sie keinen Unterricht, keine Führung, keine Pflege finden. Das bringt denn auch allmälig ins allgemeine Verständniß. Die Gründung einer Schauspielschule in Wien, am Musikconservatorium jetzt umsichtig in Betrieb gesetzt, ist, wie schon gesagt, eine heilsame Frucht dieser Erkenntniß. Nur täusche man sich darüber nicht, als ob mit der endlich zu Stande kommenden Errichtung solcher Elementarschulen Alles gethan sei. Es kann und soll eben nur eine Elementarschule sein, wo man das Lesen und Schreiben der Schauspielkunst, wo man die Anfangsgründe lernt, mehr nicht. Nach der Elementarschule muß man das Gymnasium, muß man die Universität absolviren, ehe man von gründlicher Vorbildung sprechen, ehe man wirklich ein Amt

beanspruchen kann. Der fertige Schüler kommt allerdings
aus der Schauspielschule sogleich an eine Bühne, also sogleich in eine amtliche Praxis. Aber in dieser Praxis soll er
Gymnasium und Universität finden. Ein Vortragslehrer am
Theater soll ihm sein Gymnasium bilden, indem er ihm die
Rolle bis zur Correctheit einstudiren hilft; die Universität
findet er bei der Inscenesetzung des Stücks, also bei den
Proben, wenn diese mit geistiger Ueberlegenheit geleitet werden.
Da sieht er und erkennt er die Gestaltung des Ganzen, da
erfährt er, wie sich seine Rolle zum Ganzen verhält, und
was er vorzugsweise leisten, was er vorzugsweise vermei-
den soll.

Keine dieser Stufen darf übersprungen werden, wenn
die Hoffnung auf eine Reform des Schauspiels, will sagen
auf eine künstlerische Erziehung der Schauspieler nicht ein
leerer Traum bleiben soll.

Nächst der Schauspielschule, und wohl am Besten in
ihr müssen also Vortragslehrer gebildet werden, und die
Theater selbst müssen dafür sorgen, daß sie nicht nur sogenannte Regisseure, sondern daß sie wirkliche, dazu berufene
Inscenesetzer haben.

Die Inscenesetzung ist die dichterische Nachschöpfung des
Stücks; sie bildet den Schauspieler aus, und sie gestaltet das
Stück aus. Sie aber just leidet bei uns an argen Gebrechen.

Was sind nun bei uns die landläufigen bisherigen Fehler
der sogenannten Regie, welche in Scene setzt? Die Oberflächlichkeit ist es, der Mangel an Geist, der Mangel an

poetischem Verständniß, der Mangel an gestaltender Fähigkeit. Nicht, wie man gern glaubt, der Mangel an Fleiß.
An Fleiß fehlt es heutigen Tages just nicht beim deutschen
Theater und bei den Regisseuren desselben. Aber auch viele
der besseren bringen nichts weiter zu Stande als Mosaik-
arbeit, weil ihnen Geist und poetische Fähigkeit abgeht. Sie
üben Einzelnes mit übertriebenem Nachdrucke durch, ohne zu
wissen, welche Bedeutung dies Einzelne für's Ganze hat;
sie überhäufen die Vorstellung mit Aeußerlichkeiten, welche den
Charakter und Geist des Stücks zudecken — sie sind eben
Mosaikarbeiter.

Es ist leicht gesagt, wird man einwenden, daß Vortragslehrer und Inscenesetzer geschaffen werden müssen. Die
schaffen sich nicht so leicht! Allerdings leicht nicht. Aber es
ist immer hochwichtig, daß man das Ziel kennt, wenn man
etwas erreichen will, und daß der Weg angedeutet wird zu
diesem Ziele. Man verschwendet dann nicht die Kräfte nach
falschen Richtungen, wie dies bisher am deutschen Theater geschehen ist.

Schauspielschulen und Vortragslehrer sind der Anfang
des Weges. Die Schauspielschulen werden, wie gesagt, Vortragslehrer bilden, und aus den Vortragslehrern werden sich
Inscenesetzer entwickeln. Wer sich und Andere in Grundsätzen empor arbeitet, wie der Vortragslehrer, der kommt eher
zur lehrbaren geistigen Höhe eines Kunstwerks als der Volon-
tair ohne Vorbildung.

Den Grundstock von Lehrern aber in einer Schauspiel-

schule werden ja immer Schauspieler bilden, wie jetzt in Wien,
wo die begabteren Männer des Burg= und Stadttheaters zu
diesem Amte erwählt worden sind, und diese Männer werden
trachten, ihrer Berufung Ehre zu machen, das heißt sie werden
eifrig lernen, um lehren zu können. Sie werden sich eben
nach Grundsätzen umschaun, während sie bisher nur Takt,
oder gar nur Routine besessen haben. Ehrgeiz, ja selbst
bloßer Neid werden die Collegen nicht schlafen lassen, wie der
Ruhm des Miltiades den Themistokles nicht schlafen ließ. Sie
werden dem zum Lehrer berufenen Collegen scharf auf die
Finger sehn, und bei dieser Gelegenheit werden sie selbst
lernen. Denn wenn man wirksam tadeln will, muß man sich
des Gegenstandes bemächtigen, dessen Behandlung man tadeln
will. So wird ein Umkreis entstehn, weil ein Mittelpunkt
da ist, und wenn erst einige Theater Erfolge aufweisen durch
Einführung dieser Lehrmittel, dann werden andere nachfolgen
müssen, um nicht zurückzubleiben. Sind nicht die Erfolge der
„Meininger“ schon ein Beweis hiefür? Auch wenn man ihre
Einstudirungen verspottet, weil sie den Schwerpunkt in äußer=
lichen Anordnungen suchen, der Gedanke verläßt doch auch den
Spötter nicht, daß gründliche Einstudirungen was bedeuten,
ja daß sie viel bedeuten, und daß die oberflächliche Inscene=
setzung ein Grundfehler des deutschen Theaters geworden,
also zu beseitigen ist.

Just um diese Zeit — zwischen „Maria und Magdalena“
und dem „Grafen von Hammerstein“ — machte ich mit unserm
Vortragslehrer den Anfang, ihn der Regieführung zuzuleiten.

Ich überließ ihm die Inscenesetzung des „Faust", und es be=
währte sich vollkommen, daß die Vortragslehre die richtige
Vorstufe ist zu sorgfältiger Inscenesetzung, wenn der Vor=
tragslehrer die Rollen so einstudirt, daß sie aus dem inneren
Zusammenhange des Stücks heraus entwickelt und eingeübt
werden.

Die beiden Stücke selbst von Lindau und Wilbrandt
trugen uns übrigens goldene Früchte. Daß wir Dramen von
wichtigen lebenden Autoren zu großer Geltung gebracht, das
erwarb uns Achtung bei denjenigen Leuten, welche die schöpfe=
rische Arbeit der Zeit zu würdigen wissen. Diese Leute üben
den größten Einfluß auf ihre Umgebung, weil sie selbst
lebensvoll sind. Man schaut auf sie, man spricht ihnen nach.
Denn auch der mittelmäßig Gebildete hat eine Ahnung da=
von, daß gute Nachahmung weniger bedeute als neue Schaf=
fung. So kam die Schaffensfähigkeit neuer Poeten, Lindau
und Wilbrandt, gründlicher in Rede, und diese Rede nahm
auch immer Notiz vom Stadttheater, in welchem sie darge=
stellt worden.

Lindau hatte man, wie schon erwähnt, in Wien gar
nicht gekannt. Von Wilbrandt kannte man nur einige leichtere
Lustspiele gebildeten Tones. Nun überraschten die schweren
Accente im „Hammerstein", und veranlaßten nähere Nachfrage.
Wie sich ein neues Dichtertalent allmälig entpuppt, das be=
schäftigt auch die Frauen, und sie sorgen am Eifrigsten da=
für, daß eine Person populär werde. Wilbrandt, mecklen=
burgischer Herkunft, war seit kurzer Zeit persönlich da in

6*

Wien. Man zeigte sich den blassen, intereffant ausfehenden Mann, der von einer Loge im Stadttheater feinen „Hammer= ftein" betrachtete, man erzählte fich, daß er eine geiftvolle Schaufpielerin liebe und heirathen wolle, man fetzte hinzu: Sie müffen ja den „Hammerftein" fehn! Da kommen ergrei= fende Momente vor, welche das Herz bewegen! — So ge= ftaltet fich die Propaganda für ein neues Theater.

Und den Paul Lindau kann man fogar auf der Bühne fehn, er kommt heraus, wenn man nach den Acten feines Stücks lebhaft applaudirt! Er ift noch jung, fehr gefchmei= digen Körpers und gar eigen lächelnden Antlitzes. Man fieht ihm an, daß er unfere gewiffen Manieren oder gar Unarten flugs auf's Theater bringen könne, man muß fich in Acht nehmen vor fo einem neuen Satiriker, der die Lacher auf feiner Seite hat, und der immer nach dem Neueften umher= fpäht, nicht nach überftändig kleinftädtifchen Wunderlichkeiten. Er hat feine Schule in Paris gemacht, und jener Molière, welcher alle Stände geißelte, ift fein Herrgott, man muß fich in Acht nehmen vor diefem Paul Lindau!

Dies Alles kam dem Stadttheater zu ftatten, es war mit einem Male populär. Der Reiz der Neuheit war ihm fchon nach den erften Wochen verloren gegangen, der Reiz des Intereffes füllte jetzt feine Plätze ftetig und zunehmend.

Aehnlich war es ihm mit der Preffe ergangen. Sie war dem Inftitute theoretifch entgegen gekommen, hatte das= felbe aber in der Praxis der erften Monate weder nachfichtig noch freundlich behandelt. Jetzt unterftützten die wichtigen

Organe der Presse das neue Theater vielfach. Namentlich schenkten sie den Aufführungen classischer Stücke eine wohlwollende Beachtung.

Wir hatten nach dem „Hamlet" den „König Lear" gebracht und den „Faust", und auch ein Shakespeare'sches Lustspiel: „Viel Lärm um Nichts", für ein junges Theater schwierige Aufgaben, von denen jede lange Proben nöthig machte. Man fing an, unsern Fleiß zu loben, man fing an, unsrer neuen Inscenesetzung alter Stücke große Artikel zu widmen. Das war sehr von Nutzen. Fürs Publicum, fürs Theater, für die Presse selbst. Wenn man sich neuerdings klar macht, warum ein altes Stück classisch genannt werde, dann gewinnen all diese Theile. Dem Publicum wird deutlich, ob und warum es mit Recht dem alten Stücke seine Theilnahme widmet, das Theater wird aufmerksam, ob es bewährte Traditionen eingehalten, oder vernachlässigt, ob es neue Erklärungen beachtet, und die Presse selbst muß sich unterrichten über die neuen Erklärungen. Sie muß sich klar machen, ob und warum der heutige Eindruck noch kräftig, oder überlebt sei.

So entstehen unter verschiedenen Gesichtspunkten öffentliche Prüfungen, welche der allgemeinen ästhetischen Bildung zu Gute kommen, welche besonders für den Geschmack von Wichtigkeit sind.

Dadurch ist ein anspruchsvolles neues Theater stets ein Vortheil, daß es Prüfungen bis auf Herz und Nieren veranlaßt, welche ohne die neuen Aufführungen unterblieben wären.

———

10

Der „König Lear" mit seinen großen Zügen wird nie versagen. Shakespeare hat diese Züge zu mächtig auf die Scene
geworfen, als daß sie wirkungslos bleiben könnten auf irgend
ein Publicum.

Bekanntlich hat Shakespeare fast für all seine Stücke
— die römischen ausgenommen — Vorlagen gehabt und benützt. Großentheils getreu benützt bis auf ganze Scenen und
Reden. Er hat ausgewählt und ausgeführt. Heutigen Tages
ist man kleinlich streng gegen solche Producirung neuer Stücke.
Vielleicht ist man's auch zur Zeit Shakespeares gewesen, und
vielleicht haben deshalb die damaligen Kritiker so wenig Notiz
genommen von der poetischen Kraft Shakespeares, so daß nicht
blos die Puritaner schuld sind an der länger als ein Jahrhundert dauernden Nichtbeachtung des großen Poeten in England. Nach einem Jahrhundert hat man nicht mehr die Hilfsmittel vor Augen gehabt, sondern nur das mächtige Resultat.

Wie Dem auch sei, mir ist es bei der Inscenesetzung
Shakespeares immer deutlich geworden, daß sein Genie sich
neben der Charakteristik vorzugsweise in der kräftigen Aus-

wahl der Scenen für einen bestimmten Zweck kund giebt. Er
macht Sprünge, und unterläßt Uebergänge.

Nur einmal, und zwar in seinem wahrscheinlich letzten
Stücke, im „Othello", entwickelt er sorgfältig alle Uebergänge,
als hätte der verstimmte Theaterdichter den Zweiflern dar-
thun wollen, daß er auch dies vermöge, wo es ihm angebracht scheine.

Eine kräftige Auswahl der Scenen für einen bestimmten
Zweck drängt sich denn auch dem Inscenesetzer immer als
Hauptgesichtspunkt auf, wenn er eins der großen Shakespeare-
stücke zur Probe bringt.

Wie in den letzten Acten des „Hamlet", wo der intime
Hamlet geradezu nur hineingerissen erscheint in die schließen-
den Begebenheiten, so wird man auch von der zweiten Hälfte
des „Lear" angemuthet.

Man fühlt sich überladen von dem Doppelthema Lear
und Gloster, und sucht nach möglichster Vereinfachung, eingedenk des Unterschiedes zwischen dem jetzigen Publicum und
dem Publicum Shakespeares, welches einen großen Scenen-
wechsel ohne Verwandlung auf der Bühne hinnehmen mochte,
man sucht nach Scenen, welche entbehrlich sind für die Haupt-
handlung.

Unter ihnen ist eine, welche mich auf dem Burgtheater
immer gepeinigt hat, welche ich aber dem alten Herrn, An-
schütz, nicht entziehen mochte. Sie saß ihm durch lange
Uebung fest in der Rolle. Sie schwächte aber seine außerordentliche Learfigur. Er selbst gab das zu, meinte jedoch,

sich auch darum nicht zur Weglassung entschließen zu dürfen, weil das berühmte Wort „Jeder Zoll ein König!" damit verloren ginge.

Wir haben den Ausbruch des Wahnsinns gesehn, wir haben das Toben desselben auf der Haide erlebt, und wir haben bei der Rückkehr zu Glosters Schlosse noch eine ausführliche Wahnsinnscene, die Gerichtscene für Goneril und Regan, durchgemacht. Alle Stadien sind durchlaufen, und wenn nun der alte König mit Strohkranz und Stecken nochmals gesprungen kommt, da wird der immer wiederkehrende Wahnsinn peinlich und lästig. Wie oft hab' ich aufmerksam das Stück angesehn, und jedesmal mußte ich eingestehn, daß die Scene überständig erschien, daß unser Publicum ermattet war, und sie nur über sich ergehen ließ. Das geflügelte Wort: „Jeder Zoll ein König!" ist ebenso gut anzubringen bei der Ankunft Lears vor Glosters Schlosse.

So that ich denn diesmal, und zu großem Vortheile des Eindrucks. Wir sehen Lear erst wieder im Zelte bei Cordelia, wo er erwacht, und in so rührender Weise zu sich kommt, eine der schönsten Wirkungen des Stücks, sicherlich dadurch erhöht, daß uns der Wahnsinn vorher in so langen Scenen berechtigt, nicht aber durch übermäßige Wiederholung ermüdend vorgekommen ist.

Die vorhergehende Blendung Glosters dagegen, eine durchaus abschreckende und widerwärtige Scene für den heutigen Geschmack, bleibt für die Vorstellung ein Kreuz, welches nicht zu beseitigen ist. Der Gang der Doppelhandlung im

Stück macht sie unentbehrlich. Auch bei der wärmsten Auf=
nahme des Dramas wird hier jedesmal das Publicum todten=
still, und kein zustimmendes Zeichen läßt sich vernehmen wenn
der Vorhang fällt. Wir zahlen da eben einen Tribut für
die andern Scenen, welche erschüttern ohne roh und grau=
sam in leibhaftiger Marter vor uns hinzutreten.

Solche leibhaftige Grimmigkeit hat wahrscheinlich die Eng-
länder vor britthalb Jahrhunderten nicht verletzt — sind sie
doch heute noch dankbar für ähnlich grimmige Dinge auf
ihrer Bühne! — und wir nehmen sie schweigend hin, und
machen uns stark durch historische Kenntniß, welche belehrend
unsern Widerwillen niederhält.

Der letzte Act bedarf eines gewissen Aufwandes in Scenerie und Statisterie, um die schlachtmäßige, rasche Erledigung
zweiter Personen leidlich anziehend zu machen. Namentlich
der Zweikampf zwischen Edgar und Edmund muß blendend
angeordnet werden, und eine große Energie muß in alle Wendungen gelegt werden, damit wir übersehen, wie die Haupt=
person nur noch episodisch vorüberhuscht, und erst in der letzten
Scene wieder nachdrücklich zum Vorschein kommt.

Nachdrücklich tragisch, um nicht zu sagen gemacht tragisch.
Denn in Wahrheit bleibt dieser vielbesprochene und vom
Publicum lange bestrittene Schluß ein nur theoretischer Schluß.

Man mag vielleicht die Theorie zugeben, daß Lear nicht
am Leben bleiben kann, und daß Cordelia sterben muß, um
das endliche Aushauchen Lears herbeizuführen. Aber dies
Letztere, dies Opfern Cordelias wird keinem Publicum ver=

ständlich, und wirkt bei der Aufführung stets wie ein Mißton. Warum, sagt man beim Fortgehn, warum muß dies ehrliche, liebenswürdige Geschöpf sterben? — und die künstliche Beweisführung der Dramaturgen überzeugt Niemand.

Ludwig Tieck selbst war davon betroffen, und sagte: man lasse den Wienern den milderen Schluß! Er hat dies nicht blos gesagt, weil er die eingebürgerte mildere Form zur Noth bestehn lassen wollte, sondern weil er selbst empfand, daß diese intriguenhafte, fast mißverständliche Tödtung Cordelias ungünstig wirkt. Deshalb wohl gab er's mit drein, daß für die Wiener auch Lear am Leben bleiben könne. Ist der gebrochene alte Mann nicht gestraft genug, und ist wirklich sein Tod noch eine nothwendige Genugthuung?

Ich stand früher auch näher zur theoretischen Anschauung des Schlusses, also zur schließlichen Tödtung. Lange Beobachtung des Eindrucks im Theater aber hat mich mehr und mehr von ihr entfernt. Und am Ende haben doch Theaterstücke nach der Theaterwirkung zu fragen.

Es ist der Untersuchung werth, ob die bei uns eingeführte Theorie der Tragik dem Theater genützt oder geschadet habe.

Im Wesentlichen stammt sie doch von unsern Romantikern, die Schlegel an der Spitze, und der Aerger über die großen Erfolge Isslands mit dem bürgerlichen Schauspiele hat die Romantiker gestachelt, die griechische Tradition vom tragischen Schicksal auch da einzudrängen, wo von keiner Göttermacht die Rede sein wollte. Das bürgerliche Schauspiel mit seiner nüchternen Wahrheit sollte um jeden Preis herunter gesetzt werden. Etwas Besonderes und Außerordentliches, das Besondere und Außerordentliche überhaupt war die Parole der Romantiker, und man hielt sich die Augen zu, um nicht zu bemerken, daß dies bürgerliche Schauspiel eigentlich doch die nationale Form des Schauspiels in Deutschland wäre. Es ist noch heute so trotz aller gepredigten Theorie: das einfache Schauspiel mit einfachen, wahrhaften Motiven, welches unter rührenden Scenen zu einem glücklichen Ausgange führt, ist und bleibt die populärste Form in unserm Theater.

Jene Theorie der Tragik, getragen vom gelehrten Eifer der abstracten Schriftsteller, hat gesiegt, hat vielleicht übermäßig gesiegt, und unser nationales Bedürfniß fast geächtet. Die jüngere Kritik läuft hinterher auf ererbten Krücken, und schlägt mit ihren Krücken neue Stücke darnieder wie Mohnköpfe. Die gebildeten Schauspieler Schröder und Iffland, welchen unser Theater die populäre Gestalt verdankt, werden geringschätzig bei Seite geschoben, und ihre allerdings viel schwächeren Nachfolger werden verhöhnt.

Das Theaterpublicum ist nie dieser theoretischen Meinung gewesen, und weil es den einfach deutschen Stücken immer und immer wieder, auch wenn sie viel geringer waren als die von Schröder und Iffland, eine große Theilnahme geschenkt hat, so wird uns seit einem halben Jahrhundert von der gelehrten Kritik versichert: das deutsche Theater sei untergegangen. — Als ob ein Volk blos von Nektar und

Ambrosia leben könnte, und als ob es nicht auch sein heimath-
liches tägliches Brot brauchte!

In der That hat die extreme Theorie unter unsern dramatischen Talenten schweren Schaden angerichtet. Um der
Theorie nur ja zu entsprechen haben, wie oft! diese Talente
sprungmäßig und unwahr den tragischen Ausgang herbeige-
zerrt, und sind deßhalb mit ihren Arbeiten gescheitert. Hätten
sie sich nicht vor dem Banne der Extremen gefürchtet, hätten
sie ehrlich organisch ihre Stücke bis zu Ende durchgeführt,
und sich auch nicht vor einem guten Ausgange gescheut, wir
hätten sicherlich mehr dramatische Schriftsteller und mehr gute
Repertoirestücke.

Dem Ausweichen tragischer Nothwendigkeit soll damit
nicht das Wort geredet werden. Man soll sich nur redlich
klar machen, was wirklich tragische Nothwendigkeit sei, und
was ein dramatisches Kunstwerk zu erstreben habe. Wenn
der höhere Gedanke nicht bestehen kann unter den gegebenen
Verhältnissen eines Stückes, dann soll er den Verhältnissen
nicht nachgeben, sondern seine höhere Eigenschaft durch den
Tod besiegeln. Der Tod solcher Art wird immer eine Erhebung mit sich bringen, und diese Erhebung ist der Zweck
des tragischen Kunstwerks.

Eine solche Tragödie, und sie allein, ist die ächte. Und
sie leuchtet auch dem Publicum ein, sie wird auch populär.

Wem soll es denn aber einleuchten, daß auch Cordelia
sterben müsse? Niemand als den extremen Romantikern,
welche auch für die Schuld Cordelias künstliche Gründe zu-

jammenjuchen. Cordelia hat nur ehrlich und gut gehandelt. Sie hat dem überspannten Vater die Wahrheit gesagt, und als er sie darob schmählich verstoßen, hat sie keinen Augenblick aufgehört, ihn zu lieben und ist ihm zu Hilfe geeilt, als er in Noth gerathen. Sind das Gründe, welche den Tod für sie erheischen? Im Gegentheil: ihr Tod verletzt unser Gefühl für Gerechtigkeit, und beeinträchtigt den tragischen Schluß des „Lear".

Noch schwerer, viel schwerer ist das Verhältniß der Shakespeareschen Lustspiele zu unserm Theater. Ein Lustspiel hat eben doch viel unmittelbarer mit der herrschenden Sitte des Zeitalters und des Landes zu thun. Große Gefühle bleiben sich gleich durch die lange Reihe der Jahrhunderte, und die gesellschaftlichen Verhältnisse ändern daran wenig. Das Lustspiel aber lebt lediglich in den gesellschaftlichen Verhältnissen, und aus ihnen bildet es seine Form. Kann eine solche Form nach Jahrhunderten für eine ganz anders geartete Gesellschaft noch passen? — Das Wort „Geschmack" tritt bei einem Lustspiele in erste Linie, der Geschmack aber wechselt ja ungemein.

Daran wird man immer scharf erinnert, wenn man ein Stück wie „Viel Lärm um Nichts" auf die Scene bringt. Bei der ersten Probe muthet es an wie die grelle Manierirtheit eines geistvollen Mannes. Allmälig wird es ein curioses historisches Bild, welches man dem heutigen Geschmacke doch nur in einer ausgesuchten Gesellschaft historischer Kenner bieten dürfe. Endlich gewöhnt man sich an die künstlichen Reden

und an die groben Contraste, und erinnert sich, daß das
Publicum dafür erzogen werden sei, die Shakespeareschen
Komödien zu gestatten, und sich das heut noch Wirksame her-
auszusuchen.

Diese Bildung unsers Theaterpublicums ist gar bemerkenswerth. Wäre solch ein Lustspiel nicht durch den Druck
bekannt und durch den Namen des Dichters geweiht, erschiene
es ohne Vorgeschichte auf der Bühne als ein neues Stück —
welch ein Schicksal stände ihm bevor! Ja, auch als ein altes
Stück von einem minder wichtigen Autor, also nur des Namens
Shakespeare entkleidet, würde es einer übeln Behandlung
nicht entgehn. Was! — würde man rufen — die eigentliche Komik dieses Lustspiels ist ja die Komik der Clowns,
die wir im Circus finden, und der Witz der höheren Personen ist ja durchweg forcirt, ist eine redselige Wortspielerei
mit wenigen guten Körnern! Und daneben läuft eine ganz
abenteuerliche und stockernsthafte Handlung, welche ein Mädchen
in todesähnliche Ohnmacht stürzt, und welche dahin führt,
daß dies Mädchen für wirklich todt ausgegeben wird. Wir
haben also einen schweren Contrast vor uns, welcher jeden
behaglichen Uebergang eines Lustspiels ausschließt, und diese
gröblichen, unvermittelten Bestandtheile sollen für ein Lustspiel ausgegeben werden?

Der spätere Molière, der Schöpfer der französischen
comédie, macht kaum noch eine Wirkung bei uns, weil der
Geschmack seiner Zeit nicht mehr der unsre ist, weil wir über
schlimme Personen wie Harpagon nicht lachen können, und

weil des Dichters ernsthafte Absichten und Personen für uns zu keiner harmonischen Komödienform verarbeitet sind — und dem älteren, noch ferner gelegenen Shakespeare sollen wir eine Lustspielmacht einräumen?

Und doch thun wir's bis auf einen gewissen Grad. In diesem Shakespeare pulsirt eben doch ein größerer Geist, eine größere Weltanschauung, vor allen Dingen aber eine immer tiefe Charakteristik. Die starke Kraft Shakespeares in der Charakterzeichnung läßt uns wohl auch bei seiner veralteten Lustspielform mancherlei Genüge finden. Nach einiger Zeit, nach öfterer Anschauung dieser Stücke verzeihen wir allenfalls den Clownton, wenn auch achselzuckend, und interessiren uns für die herumfliegenden Geistesfunken, vor Allem aber für die mannigfaltigen Charaktere.

So geht es mit „Viel Lärm um Nichts" in der guten Bearbeitung von Holtei. Neu aufgenommen stößt es zuerst immer auf Zurückhaltung des Publicums, allmälig aber findet es Theilnahme, nicht leicht aber ein großes Publicum. Das einfach gebildete Publicum erläßt jedoch solchen Shakespeare=Lustspielen nie die obigen Ausrufungen, Ausstellungen und Einwände, es drückt seine Zustimmung immer nur mit be=stimmter Reserve aus.

Solchen Achtungs=Erfolg fanden auch wir jetzt mit der ersten Vorstellung und verdankten ihn hauptsächlich dem lau=nigen Talente Herrn Teweles, welcher den Benedikt gut sprach und lebensvoll spielte.

Ohne einen wirklich humoristischen Benedikt und eine

wirklich humoristische Beatrice ist die Wirkung des Stückes
unerquicklich. So fehlte damals im Burgtheater Dawison
dieser wirkliche Humor, und Fräulein Neumann als Beatrice
trug die Kosten allein, wie jetzt hier Herr Tewele. Später
fand ich in Fräulein Kühle eine treffliche Beatrice, und so
wurde das Stück im zweiten Jahre ein ganz gern gesehenes.

Am Leichtesten gelingt die Wirkung eines Shakespeare-
Lustspiels da, wo die Handlung einfach, nicht — wie so oft
bei ihm — eine aus mehreren Stoffen zusammengesetzte ist.
„Die bezähmte Widerspänstige“ also ist das sicherste Shake-
speare-Lustspiel, und auch das populärste. Es geht auch darin
scharf her für den heutigen Geschmack, aber natürlich und
geradeaus zu einem Ziele.

Im zweiten Jahre entwickelte eine schöne junge Schauspielerin, Fräulein Schratt, ein überraschendes Charakterisi-
rungstalent im komischen Genre, und mit ihr machte die
„Widerspänstige“ lebhaftes Glück.

„Was ihr wollt“ hatte ich noch vor, das Ende meiner
Direction unterbrach aber die Vorbereitungen. Diese drei
sind die einzigen Shakespeare-Lustspiele — wenn man dem
„Kaufmann von Venedig“ nicht den Titel „Lustspiel“ auf-
prägen will —, welche auf unsrer Bühne Stand halten. Die
Versuche mit der „Komödie der Irrungen“ haben sich nicht
bewährt, und die mit „Wie es euch gefällt“ und „Maß für
Maß“ halte ich für aussichtslos.

———————

11

Hatten uns nun die Shakespeare-Vorstellungen in Ansehn gehoben? Ich könnte das nicht behaupten. Auch der
zwischen „Lear" und „Viel Lärm um Nichts" gebrachte „Faust"
vermochte das nicht, ich möchte sagen: er vermochte es noch
weniger. Herr Lobe hatte mit seinem Mephisto, welcher als
eine Glanzrolle angekündigt war, nicht den erwarteten Eindruck gemacht. Man fand darin den flüssigen Geist nicht
zureichend, und nannte die Leistung eine trockne.

Die Erfolge der modernen Productionen von Lindau und
Wilbrandt blieben aufrecht stehn, und der zahlreiche Besuch
blieb stetig, ja erhöhte sich wohl gar, aber trotz der aner-
kannten Vorstellungen des „Bruderzwistes" und des „Hamlet"
gestand man uns nur zu, daß wir mit einer blutjungen Gesellschaft wohl lebenswerthe Anstrengungen machten, verhielt
sich aber in höheren Kreisen immer noch zuwartend, ob diese
Anstrengungen wirklich das Ensemble eines ersten Schauspiels
zu Stande bringen würden, dauernd zu Stande bringen würden.

Man hatte nicht Unrecht. Es kann nicht schnell gehn
mit solcher Schulung eines neuen Personals. Und vor allen
Dingen kann es nicht ausbleiben, daß die Gesammtleistung

herbe Rückfälle erleidet mit Schauspielern, welche nur durch
eifrige Schulung auf die Höhe einer ersten Rolle gebracht
worden sind.

Was uns da widerfuhr, oder doch jeweilig zu wider-
fahren drohte, das nennt man in der Landwirthschaft Nothreife. Das Korn, welches die Nothreife liefert, ist nicht stich-
haltig.

In der Beurtheilung neuer Darstellungskräfte ist man
erstaunlichen Irrthümern ausgesetzt. Da ist eine junge Dame,
welche im Salon durch vortheilhaftes Aeußere, durch Geist
und Bildung sich auszeichnet, und man meint, sie müsse auf
der Bühne einen günstigen Eindruck hervorbringen. Man
irrt sich. Die Bühne verlangt noch ganz andre Eigenschaften.
Das vortheilhafte Aeußere, der Geist und die Bildung müssen
einen gewissen breiten Stempel tragen, sonst verpuffen sie.
Dieser breite Stempel ist die freie Fähigkeit theatralischer
Darstellung. Sie ist eine ganz andere, als die Fähigkeit des
Auftretens im Salon, sie braucht ein Etwas, sagen wir ein
plastisches Etwas, welches eben nur der theatralischen Kunst
eigen ist.

Das galt von unsrer geistig wohlbegabten jungen Beatrice im „Viel Lärm um Nichts“. Und bei unserm König
Lear kamen auf der Bühne wieder andre Mängel zum Vorscheine, welche wir bekämpfen zu können meinten, und schließlich
doch nicht bekämpfen konnten, weil sie aus einem theatralischen Grundmangel entstanden. Solch eines Grundmangels
wird man erst inne durch längere Erfahrung.

Der Darsteller des Lear war ein Mann von imposanter Gestalt, von großem, sonorem Organ, von wissenschaftlicher Bildung und von bestem Willen, und versprach mit diesen Eigenschaften doch das Beste. — Er hielt sein Versprechen nicht als Czaar Boris im „Demetrius", er hielt es nicht als Erzherzog Matthias im „Bruderzwiste". Es fehlte den Rollen die Geschmeidigkeit des ächten Lebens, man meinte, sie hölzern nennen zu dürfen, und bei der ersten Probe des Herzogs Karl in den „Karlsschülern" glaubte ich, es müsse ihm die Rolle abgenommen werden, weil ihr Gewandtheit, Wärme und Energie gänzlich abging. Ich ermunterte Strakosch zu scharfer Einübung, welcher sich der redlich strebende Schauspieler durchaus nicht entzog. Die folgenden Proben zeigten deutliche Fortschritte, ich that das Meinige bei den Proben hinzu in ausgedehntestem Maße. Er ging auf Alles ein mit tapfrer Geduld, und das Resultat war, daß er ein trefflicher Herzog Carl wurde, einer der besten die ich gesehn. Was Wunder, daß wir unsre Lehrfähigkeit für außerordentlich hielten, und nun mit Zuversicht an den König Lear gingen.

Dies gelang nicht so gut, er verlor den durch Schulung geebneten Weg mehrmals, aber es gelang doch ziemlich. Wir meinten doch, ein Wesentliches erreicht zu haben. Bei der Wiederholung des „Lear" jedoch verirrte er sich rechts und links von dem Wege, welchen wir ihm geebnet hatten. Was heißt das? fragten wir. Es heißt zunächst, sagte ich, daß wir für eine spätere Wiederholung der Rolle die ganze Leiter der Einstudirung noch einmal mit ihm hinauf klimmen müssen. Dann würden doch wohl endlich die Formen fest werden. Das geschah. Ich setzte eine neue Probe an, und probirte mit der subtilsten Gründlichkeit Alles was den König selbst betraf. Zufrieden mit dem Tagwerke schloß ich endlich die Probe, mein König Lear hatte Alles wiedergefunden, ich durfte seiner besten Leistung gewärtig sein. Und was ereignete sich? Der Abend brachte die schwächste Leistung. Alle mühsam ausgemerzten Schwächen und Fehler standen wieder in vollster Blüthe, alle wohl vorbereiteten Wirkungen kamen nicht zum Vorschein.

Woran liegt das? Es liegt am Grundmangel solch eines Schauspielers, den uns jetzt erst die Erfahrung enthüllt hatte. Dieser Grundmangel war der Mangel an eigentlichem Talente für die Schauspielkunst.

Aber der Herzog Carl, den er ja doch getroffen! Oh, so wie diesen hat er manche andre Rolle ausgefüllt, welche gerade seinen besten Fähigkeiten entsprach. Zu diesen besten Fähigkeiten gehört der vollständige Aufbau einer Rede, hinter welcher man Bildung bemerken soll, gehört ein logisches Vorschreiten in gerader Linie. Der Mangel wird da erst sichtbar, wo der Charakter tiefere Wendungen durchzumachen hat, wo die ächte Schauspielkunst beginnt. Diese letztere bringt man durch keine Schulung zu Wege, wenn das eigentliche Darstellungstalent gering ist.

Alle Vorbedingungen mögen dagegen schwach sein, Gestalt, Organ, Bildung — ist das eigentliche Talent vorhanden, so kommt die Schulung zu einem mehr oder minder brauchbaren Ziele.

Worin dies Talent bestehe? Fragt einen Maler, einen Bildhauer, einen Musiker, der anfängt! Es ist eben eine künstlerische Treffkraft, welche gerade für diese eine Kunst vorhanden ist, als specifische Fähigkeit vorhanden ist. Fehlt sie, so wird der Schüler in Malerei, Skulptur und Musik bei Zeiten seine Unfähigkeit einsehn, oder der Unfähigkeit bezichtigt werden — nur bei der Schauspielkunst kann dieser Mangel zu hohen Jahren kommen. Andre Vorzüge, Nebenvorzüge können da lange eine irrthümliche Hoffnung aufrecht erhalten.

Diese Schwierigkeit der Erkennung ächter Talente lastet auf allen Theaterdirectoren, denn jeder muß sein Personal ergänzen, sie lastet aber dreifach auf dem Director eines ganz neuen Theaters, der keinen erprobten Grundstock des Personals besitzt. Bei Ablauf des ersten Vierteljahrs lechzte ich nach dem Ablaufe manchen Contractes, der leider noch lange zu laufen hatte, und ich mußte mich eben durch geschicktere Rollenvertheilung einrichten so gut es ging. Die Zurücksetzung empörter, weil verkannter Künstler wird dann dem tyrannischen Director herzhaft eingetränkt. Da geht's nicht immer muthig zu, sagt Gretchen, und man kann leider nicht wie Gretchen tröstlich zusetzen: „doch schmeckt dafür das Essen, schmeckt die Ruh". Sie schmecken nicht.

Belebend sind aber auch die Entschädigungen, welche wirkliche Talente in ihrer Entwickelung bieten. Solch eine Entschädigung meinten wir uns in der Geschwindigkeit bereiten zu können um diese Zeit. Die Geschwindigkeit ist da-

bei nicht unwichtig, und darf nicht mit Oberflächlichkeit ver=
wechselt werden. Nein, sie hängt zusammen mit der Flamme,
welche in künstlerischen Thaten hervorbricht, und rasches Zu=
thun heischt. Wenn der Schauspieler oder die Schauspielerin,
welche in erster Entwickelung stehn, eine bestimmte Vorliebe
empfinden und äußern für eine Rolle, dann ist dies ge=
wöhnlich ein Zeichen, daß sie Haupteigenschaften besitzen,
welche diese Rolle verlangt. Gewährt man ihnen nun rasch
das Studium und die Darstellung dieser Rolle, so ist man
sicher, daß man die Begeisterung für die Aufgabe mitgewinnt.
Nenne man diese Begeisterung einen Rausch, einen Taumel
oder wie man wolle, sie ist doch der belebende Hauch, welcher
die Kunstleistung erst wahrhaft lebendig macht, und sie tief
unterscheidet von der noch so correcten blos besonnenen Leistung.
Letztere erwirbt beim Publicum Achtung, jene erwirbt, was
ihr Ursprung ist — Begeisterung.

Fräulein Frank hatte, wie man in Wien zu sagen pflegt,
Passion für die Hero in Grillparzers „Des Meeres und der
Liebe Wellen", und war nun doch erschrocken, als ich ihr
plötzlich sagte: Wohl, Sie sollen die Rolle in vierzehn Tagen,
am Sylvesterabende sollen Sie die Rolle spielen!

Sie war natürlich schon ziemlich vertraut mit der Rolle,
und ich traute ihr ein volles Talent zu. Lediglich der In=
stinct des Talentes hatte sie — wie schon gesagt — bis zum
Eintritt ins Stadttheater geleitet, und eine wirkliche Vorbil=
dung fehlte ganz. Oder noch schlimmer: der üblen Lehr=
meisterin, der pathetischen Declamirungslehre, welche gedan=

kenlos auf Töne hin pauft oder flüstert, war sie nicht ganz
entgangen. Aber das natürliche Maß in ihr, die Grund=
bedingung für künstlerisches Gelingen, hatte sie vor Ange=
wöhnungen der Unwahrheit behütet. Sie war auch im Stadt=
theater bald inne geworden, daß solche Unwahrheiten bekämpft
würden auf den Proben, ungewöhnlich bald, weil sie die
gute Sitte befolgte, sich während der Proben in die Coulissen
zu setzen, und die Inscenesetzung der Stücke von Anfang bis
zu Ende anzusehn und anzuhören, also nicht blos ihren
eignen Scenen volle Aufmerksamkeit zu widmen. Dies ist
von entscheidendem Vortheile für die Schauspieler. Sie leben
sich dadurch ein in den Inhalt, den Geist und die Art des
Stückes, und werden Führer, oder doch Stützen eines ächten
Ensembles. Es fehlten ihr jedoch alle wissenschaftlichen Hilfs=
mittel. Wurden ihr diese beim Studiren der Rolle zuge=
bracht, theils in Erklärung der schwierigeren Gedankengänge,
theils in Führung und Abstufung des Ausdrucks, so stand zu
erwarten, daß ihre natürliche Begabung auch für eine hohe
Aufgabe zureichen werde. Denn sie besaß, wie es bei ächten
Talenten immer zutrifft, jenes poetische Verständniß, welches
den höheren Sinn trifft, auch wenn ihm die deutliche Erklä=
rung der Einzelheiten abgeht.

Bei solchen Novizen der Kunst ist die Schulung eine
dankbare Aufgabe. Nur darf man sich nicht dem Wahne
hingeben, als dürfte die Schulung nachlassen, sobald ein
Quantum Rollen ausgebildet sei. An diesem Irrthum hab
ich schon die schönsten Talente verkümmern sehn. Sogar die

immer erneuerte Uebung der gut gespielten Rolle mit dem Lehrer ist nothwendig, nicht blos die artistische Hilfsleistung bei wiederholter Probe.

Bei solchen ursprünglichen Talenten ohne entsprechende Vorbildung steht die Entwicklung gewöhnlich mit einem Male still, wenn eine gewisse Höhe erreicht ist. Die gelernten Kunstmittel erstarren, oder werden ohne Unterschied dahin übertragen wohin sie nicht passen, und es entsteht Manierirt= heit. Denn auch das ist Manierirtheit, was ohne zweckmäßige Auswahl immer dieselben Mittel anwendet.

Selbst wenn ein solches ursprüngliches Talent die Fähig= keit in sich entwickelt, neue Rollen eigenmächtig zu schaffen — und diese Schöpfungskraft ist selten ohne höhere geistige Welt —, so entschwinden ihm doch in der beifällig aufgenom= menen Praxis die mannigfaltigen Grundlinien des Vortrags, die mannigfaltigen. Nur die starken Linien bleiben, und werden mißbraucht. Es fehlt eben der geistige Proceß, aus welchem die Lehren entstehn, und nur Jahre lange Lehre und Uebung ersetzt allmälig diesen Mangel, ersetzt ihn bis auf einen achtungswerthen Grad, weil eine lange und reichhaltige Erfahrung doch einen großen Vorrath von künstlerischen Ge= setzen anhäuft.

Fräulein Frank, im ersten Stadium ihrer künstlerischen Entwickelung, studirte denn mit hingebendstem Fleiße Tag und Nacht die Hero=Rolle unter Führung des Vortragsmei= sters, und war auf den Proben zugänglich für jeden Wink, für jede Aeuberung, und trotz aller Angst brannte auch am

Abend der Vorstellung die Flamme lichterloh, so daß das
Publicum vollständig entzündet wurde.

Das Publicum in Wien ist aber gerade für diese Rolle
ganz besonders anspruchsvoll. Es war dies die Rolle, welche
Frau Bayer-Bürck vor zwanzig Jahren so glänzend geschaffen,
daß dies verlorengegangene Stück Grillparzers unter großem
Jubel wiedergefunden wurde. Diese Rolle der Frau Bayer-
Bürck lebt heute noch im Gedächtniß Aller, es war also ein
sehr großer Erfolg, welchen die junge Schauspielerin errang.

Sie errang ihn mit ganz anderm Mitteln als Frau
Bayer-Bürck. Diese war durch poetischen Adel ausgezeichnet,
ihre Hero war in jeglicher Schönheit der Form eine voll-
endete Griechin. — Fräulein Frank, ganz unbekannt mit dem
Vorbilde, entwickelte das anfangs strenge Mädchen, in welches die Liebe einkehrt, mit einer wohlthuenden Einfachheit
und mit einem Hauche von Naivetät, so daß ein ganz neues
Bild der Hero entstand. Dies entzückte. Der dramatisch
zähe vierte Act erhielt durch diesen naiven Hauch einen ganz
neuen Reiz, und man übersah es, daß die leidenschaftlichen
Accente des letzten Actes nicht scharf genug hervortraten in
ihrer Sonderung.

Diesen Mangel suchten wir sofort zu ergänzen durch
nachholende Uebung, und in der Wiederholung des Stücks
war dieser letzte Act nahezu das Beste der Leistung.

Nie habe ich einen so rasch eintretenden und so vollständigen Erfolg des systematischen Studiums gesehn.

Unserm Theater kam er hoch zu statten. Nun erst zählte

man auf einmal wohlwollend zusammen „Bruderzwist",
„Hamlet", „Lear", „Hero", und als wir zwei Wochen später
auch „Maria Stuart" unter großem Beifall gebracht —
Maria Fräulein Frank, Mortimer Herr Robert, eine seiner
besten Rollen — da gestand man uns freundlich zu: das
große poetische Stück finde erfolgreiche Pflege im Stadttheater.

12

Waren wir nun endlich oben? O nein. Wir hatten große Theilnahme gewonnen, der Besuch steigerte sich von Tage zu Tage; aber unser Proceß galt noch lange nicht für spruchreif.

Bei einem neuen Kunstinstitute zeigt sichs unverkennbar, wie conservativ ein erfahrenes Publicum ist. Kein Vorzug, den es je kennen gelernt, wird vergessen, und immer wieder werden die Bemerkungen laut: „aber diese oder jene Richtung ist noch zu wenig ausgebildet, diese oder jene Nüance fehlt noch ganz"! — Das Publicum ist darin das öffentliche Gewissen, unbestechlich, wohl auch grausam.

Wir litten darunter. Aber ich muß doch jetzt sagen: es ist dies ein Zeugniß für den ächt künstlerischen Sinn solch eines Publicums.

Wir litten darunter trotz wohlgefüllter Casse, und gingen ziemlich unwirsch an neue Arbeit.

Da hatte ich schon in Leipzig ein neues historisches Stück gelesen, und mir zur Aufführung vorgemerkt. Für ein protestantisches Publicum schien es mir besonders geeignet, denn

es brachte mit satten Farben die blutige Niedermetzelung der
Hugenotten in Frankreich. Mein Rücktritt in Leipzig unter=
brach das Vorhaben. Jetzt hatte ich das Drama von der
Bartholomäusnacht wieder gelesen, und die Fragen bäumten
sich vor mir auf: wird die Censur in Wien es zulassen? Und
wird eine überwiegend katholische Bevölkerung solche Action
ihrer Kirchengeschichte unbefangen aufnehmen?

Die confessionelle Frage war in Oesterreich just an der
Tagesordnung, und die Debatte derselben machte die Bevöl=
kerung vertraut mit mancher grellen That der Kirche. Woran
man aber eben gewöhnt worden, das erschreckt auch die Cen=
sur in geringerem Grade. Ich meinte also, sie würde nicht
Nein sagen, wenn ich hie und da an den mißlichsten Stellen
den nackten Ausdruck einer Unthat ein wenig bekleidete, und
nur den Sinn rettete. Der schlagende Ausdruck von der
Bühne herab ist das Empfindlichste. Der Sinn wirkt lang=
sam. Während der Zuhörer ihn für sein Verständniß zurecht=
legt, ist oben auf der Bühne die Rede weiter gegangen, und
die Gelegenheit zur Beifalls= oder Mißfallensäußerung ist
vorüber. Das weiß eine kundige Theatercensur so gut wie
ein Theaterdirector, und darnach verfährt sie, wenn sie billig ist.

Die Wiener Censur war billig, sie gestattete die Auf=
führung, und es blieb nur noch die Sorge übrig, ob das
katholische Publicum Anstoß nehmen werde an der Schilde=
rung einer Gräuelthat in seiner Kirchengeschichte.

Ich meinte schließlich: Nein, das wird es nicht, es wird
keinen Anstoß nehmen! Die Oesterreicher sind ein fröhlicher

Stamm. Ein solcher wird in seinem Religionsdogma nicht
leicht fanatisch. So wie er übrigens lebt und leben läßt, so
ist er auch in der religiösen Frage zur Toleranz geneigt. Die
Religionsgeschichte in Oesterreich erweis't dies ja deutlich: die
Oesterreicher waren zu Anfang des siebzehnten Jahrhunderts
in großer Mehrzahl bereits protestantisch, die Gebildeten und
Vornehmen voran. Ferdinand der Zweite und die Jesuiten
zwangen sie zur Rückkehr in die katholische Kirche, zwan=
gen sie gewaltsam. Daß dies so durchweg gelingen konnte
ohne nachhaltigen Widerstand, das ist doch eigentlich ein
Zeichen: der Oesterreicher hat wenig Anlage zu fanatischer
Kraft in Glaubenssachen. Also wird er, schloß ich, auch
heute die Bartholomäusnacht mit ihren entsetzlichen Motiven
ohne parteiischen Widerwillen betrachten. Es wird ein starkes
Mittel der günstigen Aufregung fehlen, indem der protestan=
tische Schlachtgesang „Eine feste Burg ist unser Gott“ kein
Echo findet in den Zuhörern, aber das Stück hat so starke
dramatische Particen, daß es allenfalls dieser Beihilfe ent=
behren kann. Aus Meyerbeers „Hugenotten“ ist diese Melodie
am Ende auch manchem Zuhörer vertraut.

So ging ich getrost an die Aufführung der „Bluthoch=
zeit“. Dies ist der Titel des Stücks. Albert Lindner ist der
Verfasser. Derselbe, welcher mit „Brutus und Collatinus“
aufgetreten ist vor einigen Jahren, und einen Ehrenpreis da=
mit errungen hat in Berlin. Er stammt aus Thüringen,
und ist seines ursprünglichen Zeichens ein Philologe, als
welcher er in Rudolstadt ein Lehramt bekleidete, bis ihn die

Auszeichnung seines römischen Dramas nach Berlin führte.
Er hat von da einige leichtere Arbeiten an die Theater ge=
geben, und ist mit größeren Dichtungen nicht mehr auf die
Bühne gelangt, bis diese „Bluthochzeit" erschien. Auch sie
hat schwer, und nicht an ersten Stellen Zutritt gefunden.
In Berlin selbst zum Beispiele, wo dem Thema der freieste
Antheil sicher war, hat das Hoftheater sie nicht aufgenommen.
Weit draußen am Thor in einer höheren Volksbühne ist sie
aufgeführt worden, und hat dort zahlreiche Wiederholungen
erlebt. Neuester Zeit hat Lindner sich mit der undankbaren
Aufgabe beschäftigt, Heinrich von Kleist's „Familie Schroffen=
stein" zu bearbeiten, und hat er eine Tragödie „Marino
Falieri" geschrieben, welche sehr interessante Proben starken
Talentes enthält, mir aber für den vollen Theatererfolg nicht
geeignet erscheint. Es gährt ein strenges Element in diesem
dramatischen Dichter, welches oft künstlerisch zu weit ausholt,
den Geschmack hart beim Schopfe faßt, und für die Scene
schwer besiegbare Wendungen zum Mittelpunkte macht.

Auch diese „Bluthochzeit", selbst wenn sie bei der Auf=
führung einen vollständigen Sieg erringt, hat für manchen
Kenner etwas Abstoßendes, und ich habe arg widersprechende
Urtheile anhören müssen, nachdem wir sie aufgeführt. Für
mich besitzt sie im zweiten und noch mehr im dritten Acte
eine so starke Compositionskraft wie etwa Otto Ludwigs
„Makkabäer" im zweiten Acte besitzen, eine Compositionskraft,
welche unwiderstehlich wirkt.

Für das Wiener Stadttheater war das Vorhandensein

und die Aufführung dieser Tragödie von großem Werthe.
Ohne unser Theater konnte sie in Wien nicht zur Darstellung
kommen. Das „Theater an der Wien" hatte sie erworben,
und trat sie uns ab, weil es weder Personal nach Publicum
hat für solches Thema. Das Hofburgtheater aber, weil es
Hoftheater, mußte des religionsgeschichtlichen Inhaltes wegen
auf die Darstellung des Stücks verzichten. Die Existenz des
Stadttheaters erwies sich also als eine werthvolle Ergänzung.

Der Titel „Die Bluthochzeit" bezeichnet den Kernpunkt
des Vorgangs. Heinrich von Bearn kommt nach Paris und
in den Louvre, um Margarethen von Valois zu heirathen,
der Protestant die Katholikin, die Tochter der furchtbaren
Katharina von Medicis, welche Frankreich regiert im Namen
ihres schwächlichen Sohnes Carls des Neunten. Heinrich
ahnt, daß er sich in Lebensgefahr begiebt, und tritt auf als
ein verstellter Ohnesorge und Leichtfuß. Dadurch beirrt er
seine Braut Margarethe ganz und gar. Sie ist eine schöne,
bedeutende Figur, welche die Wahrheit sucht, und mißtrauisch
die Lehren anhört von einer allein selig machenden Kirche.
Heinrichs scheinbare Nichtigkeit treibt sie in die Arme Guises,
der sie bis daher ohne Erfolg mit Liebesanträgen bedrängt
hat. Als sie dann entdeckt, daß Heinrich ihrer vollen Liebe
werth, da ist es zu spät. „Ich brach die Ehe", ruft sie in
Verzweiflung, und zwingt den verrathenen Gatten, die Ret-
tung von ihr anzunehmen in ihrem Schlafzimmer, wohin die
Mordgesellen der Bartholomäusnacht nicht dringen.

Dies Verhältniß und die Charakteristik dieser beiden

Personen sichert dem Stücke einen poetischen Mittelpunkt inmitten der wilden Thaten, welche ringsum geschehn, und
welche von Seiten Katharinas wohl einen Schritt weiter gehn
als künstlerisch wünschenswerth. Namentlich geht die Schilderung Katharinas darin zu weit, daß sie sich plötzlich als wirkliche Zauberin entpuppt. Dadurch wird sie ja allen übrigen
Gesetzen des Stückes entrückt, und es entsteht eine Unverein-
barkeit der Maßstäbe. Ich halte das für einen Mißgriff, und
habe ihn für die Aufführung beseitigt, da der Dichter auf
meine Anfrage kein Veto einlegte. Ebenso die Ermordung
ihres Magus vermittelst einer Fallthür, welche im Theater
ein sichres Mittel ist, Heiterkeit zu erregen. Wir haben genug deutlicher Ermordungen in dieser Nacht.

Daß aber Coligny als Geist erscheint wie Banquo vor
Macbeth, das hab ich nicht angetastet, wie eine prude Kritik
jetzt anräth. Sind einmal die Vorgänge so gewaltig wie
hier, wo achtzigtausend Hugenotten der Niedermetzelung preis-
gegeben werden, dann ist für mich die moderne Scheu vor
Geistererscheinungen an falscher Stelle.

Diese moderne Scheu hat etwas Wunderliches neben dem
Shakespeare-Cultus. Sie erstreckt sich auch auf den Wahnsinn, welcher heutigen Theaterstücken als etwas Uebertriebenes
kaum noch gestattet werden soll. Solche Muthlosigkeit ist
eine moderne Nüchternheit, welche die Macht der Scene ohne
Noth abschwächt, und dem Theater einen starken poetischen
Reiz raubt. Sie ist aus mittelmäßigen Trauerspielen er-
wachsen, deren Jambenpathos unächt ist, und den Wahnsinn

wie die Geistererscheinung nicht verträgt. Aecht tragische Vorgänge vertragen auch in unsrer realen Zeit die äußersten Er-
scheinungen.

Aus demselben nüchternen Boden entspringt auch für
das moderne Conversationsstück das landläufige Geschrei gegen
Ehebruchsdramen. Es hat seine Berechtigung gegen freche
Behandlung dieses Themas von Seiten frivoler Franzosen,
welche leicht Pariser Sitten für Normal-Sitten ausgeben, es
ist aber vom Uebel in seiner dogmatischen Ueberhebung, welche
Haro! schreit, sobald nur das Thema gestreift wird. Das
Thema ganz ausstreichen heißt ja dem heutigen Schauspiele
einen wichtigsten Conflict entziehn, in welchem die edelsten
Seelenkämpfe ruhn können. Es fehlt nur noch, daß die leidenschaftliche Liebe — auch eine gefährliche Eigenschaft! —
verpönt werde für die Theaterstücke. Auf die Liebe folgt ja
unmittelbar die Ehe, Anfang wie Fortsetzung sind gleich gefährlich. Die Schicksale der Ehe als an sich unmoralisch ver-
werfen heißt dem Dichter das moderne Leben vor der Nase
zuschließen. Die Art nur, die Gesinnung, die Form soll
strenger Kritik überantwortet bleiben, die Sache selbst kann
für die dramatische Composition nicht entbehrt werden.

Der aus der Versenkung herauf steigende Geist Colignys
störte keinen Menschen im Publicum, und als er zum zweiten Male erschien vor dem blutdürstig gewordenen Könige
Karl, welcher auf die Hugenotten hinab feuert, da ist diese
Geistes-Erscheinung von schlagendem Effecte für die Umkehr
dieses verwilderten Knaben. So wird ein Actschluß ge-

wonnen, welcher an unmittelbarer Wirkung seines Gleichen
sucht im deutschen Theater. Heinrich nämlich tritt hervor aus
seinem Versteck, Margaretha will ihn beschützen, Mutter Katharina jedoch will auch die Tochter opfern, um den Huge-
nottenkönig in den Tod zu stürzen — da ermannt sich der
durch Colignys Erscheinung verwandelte junge König, und ge-
bietet Halt! und dies Halt!, respectirt von den Truppen,
wirkt elektrisch. Eine ironische Phrase des jungen Königs,
herausgestoßen im exaltirtesten Zustande, schließt den Act, und
die Zuschauer fahren von den Sitzen auf in leidenschaftlichem
Beifalle.

Diese Phrase, welche von einem „Welthumor" spricht,
hat mir auf der Probe zu schaffen gemacht. Mit welchem
Rechte kann man diesen beschränkten, am dogmatischen Gängel-
bande aufgezogenen Karl von einem Welthumor sprechen lassen!
Er hat ja keine Ahnung dieses Begriffs. Der Darsteller
wollte aber diese Phrase durchaus nicht entbehren, sie mache
sich so volltönig. Ich ließ sie ihm denn, und kein Verstand
der Verständigen nahm Abends Anstand daran, keine scharf-
sinnige Kritik hat sie scheel angesehn. Wenn die Wogen hoch
gehn, da prüft man die Worte derer nicht, welche um Leben
und Tod mit den Wellen ringen.

Der dritte Act stellt übrigens eine theatralische Princip-
frage für die Inscenesetzung. Er spielt in einem Saale des
Louvre; hinten ist ein offner Balcon, von welchem König
Karl auf die Hugenotten hinabschießt. Man hört die Sturm-
glocken, man soll das Gewehrfeuer der Katholischen, den

Schlachtgesang der Hugenotten hören. Tritt das Alles voll=
ständig ein, so hört man kein Wort von den Schauspielern
im Vordergrunde, welche die dramatische Entwickelung fort=
führen. Ich ordnete also an, daß der äußere Lärm sich
stellenweise entferne und abschwäche; die Fortsetzung des Dra=
mas im Vordergrunde galt mir für wichtiger. Die sogenann=
ten „Meininger" jedoch — wird berichtet — haben sich da=
für entschieden, daß dem Lärm außerhalb der Scene volle
Macht gestattet, und das Reden im Vordergrunde unterge=
ordnet werde. — Ich meine nicht, daß dem sogenannten En=
semble in solchem Maße der Verstand des Stückes geopfert
werden dürfe.

Der vierte und letzte Act kann die Höhe dieser Wirkung
nicht mehr erreichen, obwohl er ganz von der geschichtlichen
Richtigkeit der Thatsachen abgeht, und frei erfundene Vor=
gänge bringt, eine Freiheit, welche dem dramatischen Dichter
heftig bestritten wird, welche ihm aber, meines Erachtens,
vollgültig zusteht. Das historische Drama braucht nicht ein
Schulbuch zu sein. Katharina will in diesem Acte durch
den Rauch vergifteter Kerzen den König Heinrich tödten,
tödtet aber dadurch ihre eignen Kinder Margarethe und Karl,
welche sich im Zimmer des Bearners zusammenfinden, wäh=
rend Heinrich selbst zeitig genug das Mordzimmer verlassen
hat. Sie stürzt ob dieses Schicksalsschlages vernichtet zusammen.

Die Darstellerin dieser Katharina genügte nicht ganz für
den Kenner. Er hörte aus ihren Reden heraus, daß ihr die
weit reichende Bedeutung derselben nicht ganz zu eigen war.

8*

Das kann keine Vortragslehre ganz verdecken; sie kann brauch-
bare Formen zu Wege bringen und Verständniß der Worte,
nicht aber Geist. Der Geist läßt sich nicht lehren. Einige
Nachsicht muß man übrigens bei einem großen Ensemble
wichtiger Personen auch bei dem besten Theater in Betreff
des Geistes mitbringen. So dick gesät sind just die geistigen
Kräfte nirgends. Wenn große Stimmmittel und dramatische
Leidenschaft fest auftreten wie dies bei unsrer Heldenmutter
der Fall war, da kann man allenfalls begnügt sein. Auch
dem Fräulein Frank machte die Margarethe Schwierigkeiten.
Ein Charakter, der sich in raschen geistigen Contrasten entwickelt, ist sehr schwer für eine junge Schauspielerin solcher
Art. Ihr Talent wurzelt zunächst in Gefühl und Leidenschaft. Wo diese in Margarethen hervorbrachen, da ent-
schädigte die Darstellerin für unklare geistige Uebergänge.

Durchschlagendes Glück machte mit der Rolle des Königs
Karl Herr Friedmann. Die Rolle ist eben durchschlagend,
und der Schauspieler streicht ein was der Dichter ausgezahlt
hat. Am Schlusse des dritten Actes gewährt dieser König
dem Publicum die überraschende Genugthuung, daß die Nichts-
würdigkeit der Katharina niedergeschlagen wird. Wer dem
Publicum eine ersehnte Genugthuung bereiten kann auf dem
Theater, der gilt in diesem Augenblicke stets für einen treff-
lichen Schauspieler.

Herr Friedmann spielt übrigens die Rolle wirklich gut.
Sein schlanker, fein beweglicher Körper, sein scharf geschnitte-
nes Antlitz und sein melancholisches Auge eignen sich ganz

für diesen blasirten König, in welchem alle Anlagen gallert-
artig wackeln, weil man seine Mündigkeit zurück geschraubt,
und weil ihm die eigne Mutter einen grausamen Autoritäts-
glauben gleichsam eingeheizt hat. Er hegt alle möglichen Ver-
langnisse, und besitzt für keines Kraft. Er ist mit Vergnügen
böse, und doch sogleich zerknirscht, wenn die Autorität gegen
ihn auftritt. Er hat eine schöne Regung, und läßt sie doch
sogleich fahren, wenn sie Folgen haben könnte. Er ist ver-
zogen und verderben, und besitzt kein Rückgrat um sich auf-
zurichten, auch wenn man ihm beweis't, wo die Verziehung
und Verderbniß liegt. Die Zusammensetzung solch eines
immerhin interessanten Charakters von Charakterlosigkeit ist
das Verdienst des Dichters Albert Lindner, und für die schau-
spielerische Ausbeutung solch einer Figur ist da viel geboten,
wenn der Schauspieler über ein geistiges Fluidum verfügen
kann.

Herr Friedmann kann das. Bis daher war es ihm
nicht gelungen, dasselbe siegreich zur Geltung zu bringen. Er
ist selbst nicht fest genug in seinem Rückgrat, um so nachdrücklich zu wirken, wie sein Geist möchte. Er sprach einmal
den Burleigh in der „Maria Stuart", einen älteren Mann,
vortrefflich, und als er ausgesprochen, lief er umher wie ein
junger Student. Dies hastige Umherlaufen, welches ihn so
oft übereilt und ähnliche ungehörige Plötzlichkeiten entstehen
aus dem Mangel innerer Festigkeit, und wenn er sich auf
mein Einrathen davor schützen wollte, so verfiel er leicht in
Langweiligkeit. Der innere Organismus harrt noch des Aus-

gleichs zwischen einem Ueberschuß von Regsamkeit und einem
geringen Vorrath von lebensvoller Solidität. Vielleicht bringt
er ihn zu Stande. All diese guten und schwachen Eigen=
schaften waren aber bestens angebracht für diesen wackligen
Valois, diesen neunten Karl.

Wahlverwandtschaft ist ein mächtig Ding in der Kunst.
In früher Jugend schon hat sich Herr Friedmann für Dawi=
son entschieden, und ihn zu seinem Vorbilde auserwählt. Er=
sichtlich weil er wichtige Eigenschaften mit ihm gemeinsam hat.
Dawison besaß den unruhigen Trieb, Auffallendes zu suchen
und auszubilden, den beweglichen Kopf, welcher die Mittel
dazu erspäht, das erfinderische Geschick, einzelne Seiten eines
Charakters schauspielerisch wirksam darzustellen, die zähe Aus=
dauer für Erreichung seiner Zwecke, das wühlende Bedürfniß,
um jeden Preis ausgezeichnet zu werden, allenfalls nur durch
die Claque, und die Fähigkeit, auch an diese gemachte Aus=
zeichnung zu glauben.

Das Alles, mag man einwenden, würde Dawison nicht
zu dem berühmten Schauspieler gemacht haben, wenn er nicht
ein starkes Talent besessen hätte. Ich würde lieber sagen:
viel Talent. Er hatte namentlich den Verstand des Talents.
Die Natur des Talents ist mehr. Weil er zunächst mit dem
Verstande an seine Aufgaben ging, und sein Talent dem Ver=
stande dienstbar machte, deshalb waren für mich seine Lei=
stungen nie vollständig. „Man sieht die Absicht, und man
ist verstimmt." Die ächten Kunstgebilde entspringen aus einem
Kerne, welcher eins und ganz ist. In ihm, welchen wir Ta=

lent nennen, liegen alle Keime, welche ohne äußeres Zuthun Stengel, Stamm, Blatt und Frucht entwickeln. Da giebts kein Aufpfropfen, wenn sie bereits dastehn. Wo aber der Verstand des Talentes vorherrscht, da wird aufgepfropft.

Und bei solchen Künstlern ist auch immer der Geschmack von zweifelhafter Beschaffenheit, denn der Geschmack ist ein Ergebniß ganz naturgemäßer organischer Entstehung.

13.

„Die Bluthochzeit" wurde ein Zugstück. Und zwar ohne störenden Tendenzschimmer. Nichts von „Hie Katholik, hie Protestant"! Ein Bild aus der Geschichte der Menschheit, welche gräßlichen Irrthümern des Gedankens und Glaubens ausgesetzt ist. Man denkt dabei nicht an Rache, man tröstet sich mit dem Gedanken, daß solche Frevel vorüber seien; man trägt im Innern das stille Gefühl nach Hause: Duldung für Andersdenkende, Toleranz für Andersgläubige bringt Segen.

Die Censur hatte also ihre Zulassung solchen Dramas nicht zu bereuen, das Theater aber hatte sich Glück zu wünschen für die Wahl und Ausführung solchen Dramas.

So standen wir denn fünf Monate nach Eröffnung des neuen Theaters in ziemlich guter Verfassung da trotz manchen Fehls, der uns begegnet war. Der Tadel mancher Unvollkommenheit, ganz berechtigt und leicht zu begründen bei unsern Ansprüchen an den Werth eines ersten Schauspiels, dieser Tadel war mäßig. Er war vielleicht darum mäßig, weil die

Tendenz der Führung gebilligt wurde. Stücke heutigen Geistes waren in den Vordergrund getreten, und hatten den Vortheil eines unabhängigen Theaters klar und klarer gemacht.

Die Theilnahme des Publicums wurde größer und größer, und machte die Casse nicht nur voll, sondern übervoll, so daß wir ins gelobte Land der Ueberschüsse eingetreten waren. Wir glaubten uns schmeicheln zu dürfen, daß wir solchen Erfolg mit guten Mitteln erstrebt, und waren glücklich darüber, daß wir nahe daran wären, das Publicum artistisch zu interessiren, und bisweilen sogar zu befriedigen. Kurz, wir segelten auf glatter See mit günstigem Winde. Kein Wölkchen war am reinen Horizonte zu entdecken, kein Wölkchen, welches ein Wetter anzeigen mochte. Niemand dachte an die nahe Möglichkeit eines Sturmes, welcher Alles, aber Alles darnieder werfen könnte.

Ich hielt denn auch meinen Arbeitsplan für richtig, und betrieb ihn weiter: in erster Linie neue Productionen, und unter ihnen bevorzugt diejenigen, welche sich mit Menschen und Ideen unseres Zeitgeistes beschäftigen. Ein verständlich Spiegelbild für alle Diejenigen, welche sich ihres Lebens bewußt werden wollen, ein solches Spiegelbild soll in erster Linie das Schauspiel sein.

In zweiter Linie die classischen Stücke und die werthvollen älteren Stücke der jungen Generation. Darum in zweiter Linie, weil sie längere Vorstudien, längere Arbeit für den Vortragslehrer brauchen, und weil mancher Wechsel im Personal erst gelingen mußte, um sie genügend zu besetzen.

Dazwischen auch leichtere Waare, welche den Anspruch
auf Erheiterung behaglich erfüllt.   Denn das Repertoire eines
täglich spielenden Theaters muß auch die Maxime eines Ge-
sellschaftsgebers befolgen, welcher die Gäste seines Hauses
unterhalten will.   Der gefährlichste Feind für eine Gesellschaft
wie für ein Theater ist Eintönigkeit.   Sie ist die Mutter der
Langenweile.   Ich denke dabei noch gar nicht an die Schauspieler, welche am Ersten versauern und in Mänierirtheit gerathen, wenn sie nicht durch Abwechselung des Themas immer
wieder erweckt und neu belebt werden.

Mit genauer Eintheilung der verschiedenartigen Aufgaben
für die Schauspieler setzten wir es durch — allerdings unter
anstrengendem Fleiße aller Betheiligten! — daß wir jede Woche
eine neue Vorstellung brachten, neu für unser Theater.

Bemerkt man hiezu achselzuckend, daß dann eben zahlreiche Vorstellungen unterlaufen mußten, welche unreif und
oberflächlich gewesen, so sage ich getrost: Nein, das war nicht
der Fall.   Ich sage dies redlich aus der Erfahrung, welche
ich jetzt erst beim Wiener Stadttheater gemacht habe.   Diese
Erfahrung geht dahin, daß die Theater viel mehr leisten können
als sie durchschnittlich leisten, und daß diese größere Thätigkeit den Schauspielern zum größten Vortheile dient.   Ihre
Kräfte bleiben in stetem Zuge, in steter Anspannung; sie
wachsen ihnen unversehens, und Intriguen wie Klatschereien,
das tägliche Brot an den Theatern, verringern sich bis zum
Verschwinden.   Die Leute haben keine Zeit dazu.

Allerdings ist für die Lösung dieser Aufgabe eine Regie-

führung nöthig, welche dem Wirken eines nie von seinem
Steuer weichenden Steuermannes gleicht. Der in Scene
setzende Regisseur muß täglich auf seinem Platze sein, und
muß seinen Platz mit Ernst und Nachdruck, dazwischen aber
auch mit erleichternder Heiterkeit ausfüllen, wozu die Lust=
spiele immer Gelegenheit schenken. Der Schauspieler muß
wissen, daß die Probe beherrscht wird in allen Richtungen,
daß der Sinn des Ganzen fortwährend im Auge behalten
ist, daß kein schleuderndes Abweichen eintreten kann ohne
sofortige Rüge des Führers und ohne alsbaldige Mißbilligung
der Mitbeschäftigten, kurz, daß keine Sylbe, keine Bewegung
von ihm unbeachtet bleibt. Ein entscheidendes Hilfsmittel da=
bei ist all das was der Regieführer ausspricht oder anordnet
in Bezug auf die Stellen und Partieen des Stückes, welche
hervorgehoben werden müssen in der Darstellung, und was
er für den Geist des Stückes mit Nachdruck verlangt vom
einzelnen Darsteller. Dadurch fühlt sich der Schauspieler im
ununterbrochenen Zusammenhange mit dem Ganzen, er fühlt
sich erhöht, denn er fühlt, daß er ein geistiges Gewicht zu
tragen habe. Mit einem Worte: die Proben müssen just ein
baarer Gegensatz sein zur Mosaik=Inscenesetzung, welche ich
oben berührt habe.

Ich brauche wohl nicht beizufügen, daß ich eben selbst
dieser tägliche Regieführer war, und daß ich mir keine ge=
deihliche Theaterführung denken kann, bei welcher nicht der
eigentliche Director die Inscenesetzung leitet und beherrscht.

Für die erste Linie, für Inscenesetzung neuer Produc=

tionen waren jetzt zwei heitere Stücke an der Reihe, „Das
Waldfräulein" von Eschenbach, und „Heines junge Leiden"
von Mels.

„Das Waldfräulein" spielt in Wien selbst, und zwar
in der vornehmen Welt, welche man sonst „la crême" und
in höchster Instanz „la crême de la crême" nannte. Sehr
erwünscht! Darin liegt ja eine unmittelbare Macht des
Theaters, daß es die Vorgänge und Sitten des Tages künstlerisch konterfeit. Künstlerisch, nicht scandalös. Letzteres ist
nicht nur als Uebertreibung widerwärtig, es hat auch keine
Dauer. Ein künstlerisches Konterfei der Gegenwart aber hat
auf der Bühne nicht nur Reiz, es hat auch eine reinigende
Kraft. Uebergriffe jeglicher Art, in der Gesinnung wie im
Geschmack, sehen sich beschämt, und — bessern sich? So
viel will ich nicht sagen; aber die Beschämten sind doch genöthigt, sich in ein bescheideneres Dunkel zurückzuziehen.

Das „Waldfräulein" ist ein junges Mädchen aus vor-
nehmer Familie, welches fern von den Eltern auf dem Lande
erzogen worden ist von wirklich gebildeten guten Menschen.
Nach der Stadt berufen, um da verheirathet zu werden, paßt
sie denn mit all ihren Empfindungen und Gesinnungen nirgends zu den Grundsätzen ihrer Crême-Familie, und richtet
Confusionen an, welche für diese Familie ein „horreur" sind.
Alles was „sport" heißt spielt dabei eine allerliebste Rolle.

Die vornehme Welt, welche uns für ein bürgerliches
Theater hielt und nur ausnahmsweise zu uns kam, machte
diesen Abend zu einer solchen Ausnahme und fand sich ein.

Das Stück sollte von einer Standesgenossin sein, und des=
halb wollte man es sehen. Man sah und hörte, und ging
mit den Worten: „das hält sich nicht"! — Es hielt sich aber,
wenn auch nicht mit der Kraft eines Zugstückes, es hielt sich
durch das pikante, geistreich geführte Thema und durch den
talentvoll geführten Dialog. Es giebt eine Art Dialog, welche
man Wiener Dialog nennt — Bauernfeld ist dessen
Pflegevater — und welcher eine specifische Form ist wie der
Pariser Dialog. Der Pariser geht immer auf geistvolle Poin=
ten, der Wiener mehr auf behagliche Witzeswendungen. Die
große gesellige Stadt gebiert ihn dort wie hier, und die ver=
schiedene Landesart bringt den Unterschied mit sich. Die leicht
gefällige Form dieses Wiener Dialogs und seine anregende
Gewandtheit ist für die Bühne von Werth, und die deutschen
Lustspieldichter können Gewinn aus dem Studium derselben
schöpfen. Auch bei den wirksamsten Lustspielen von Benedix
habe ich oft in Wien die Bemerkung gehört: Wie schade, daß
der Dialog hausbacken und reizlos ist!

Der Autorname „Eschenbach" verbirgt übrigens in der
That eine Dame aus der aristokratischen Welt, welche mit
Talent und Geschmack für die Bühne schreibt.

„Heines junge Leiden" von Mels, die andre Novität,
bringt den vor noch nicht zwanzig Jahren verstorbenen Hein=
rich Heine auf's Theater. Zu früh! ruft man. Vielleicht
darum zu früh, weil nahe Verwandte des Dichters noch leben,
welche denn auch wirklich in Hamburg die Aufführung ge=
hindert haben sollen? Also nicht Heinrich Heines wegen zu

früh, sondern Salomon Heines wegen, welcher in dem Stücke mitspielt. Was kümmert denn solche verwandtschaftliche Besorgniß die dramatische Literatur! Zudem ist Salomon Heine auch todt, und spielt in diesem Stück eine ganz tüchtige Rolle. Was heißt sonst und was heißt überhaupt dies „zu früh"? Heinrich Heine ist ein so alter Jüngling in unsrer Literatur, daß sein ganzes Um und Auf feststeht. Daran wird auch später nicht viel mehr geändert werden, am Wenigsten wird eine Aenderung seine Jugend betreffen, welche in diesem Lustspiele porträtirt wird. Leider ist ja auch er wirklich todt, warum sollte er nicht von einem Schauspieler dargestellt werden, wie der junge Goethe und Schiller schon lange dargestellt werden. Er selbst hätte bei seinen Lebzeiten, deß bin ich gewiß, nicht das Mindeste dagegen gehabt. Ich höre ihn sogar rufen: „Giebt's eine bessere Reclame für mich und Julius Campe, meinen sparsamen Verleger?! Gehen wir hin, sehen wir uns an. Ich bin begierig, meine Bekanntschaft zu machen".

Nichts widerspricht so sehr dem Interesse des Theaters als unsre Scheu vor der Oeffentlichkeit.

Daß er keine Gedichte machen, sondern ein ordentlicher Kaufmann werden soll, der curiose Harry, dies ist das Thema des Stückes, welches in den Persönlichkeiten sehr geschickt angelegt ist für die dramatische Bewegung und für die Charakterentwickelung des jungen Dichters. Ein braver Onkel, den er verehren muß, und der doch gerade das von ihm verlangt was der Poet nicht leisten kann, zwei Cousinen, welche den

Realismus und den Idealismus verkörpern, und ein komischer
Jude, welcher sich überall anvettert mit seinem witzigen Jargon, dies ist die kleine Gesellschaft, welche des dichterischen
Jünglings „Sein oder Nichtsein" zu ganz hübscher Anschauung
bringen kann. Der komische Jude hilft immer wieder auf,
wenn der Gang der Handlung auf eine Sandbank geräth,
und Heine selbst ist recht gut getroffen in diesem Portrait.

Unsre Besetzung paßte auch ziemlich genau. Herr Friedmann, schon im Aeußeren ganz wohl dem Aeußeren Heinrich
Heines entsprechend, bringt die geistige Atmosphäre mit sich,
welche für einen Heine unerläßlich ist, und zeigte sich gewandt
in den Sprüngen von der Sentimentalität zum Humor, und
von der Lustigkeit zur Trauer; Herr Reusche war ein sehr
komischer Jude, und die beiden jungen Damen waren trefflich
geeignet für Darstellung der idealen und realen Weiblichkeit.
Fräulein Frank für die ideale, Fräulein Schratt für die reale
Partie. Letztere, ein bildschönes Mädchen, war erst kürzlich
bei uns eingetreten, und hatte im „Käthchen von Heilbronn"
Glück gemacht, mit andern sentimentalen Rollen aber nicht
sonderlich gewirkt. Wie herkömmlich warf man ihr bereits
die Schönheit vor, welcher ihr Talent nicht gleich komme.
Da entdeckte ich, daß reale Aufgaben, naiv komische, kurz
was die Franzosen une ingénue nennen, eine Fülle von
Talent in ihr weckten. In diesem Fache wurde sie dann
binnen kurzer Zeit eine nahezu erste Schauspielerin. Diese
reale Cousine Heines war ein erstes Debut in dieser Richtung, und die so günstig besetzte Vorstellung von „Heines

jungen Leiden" machte einen ganz angenehmen Eindruck. Wir
konnten sie oft wiederholen, und kein Mensch ist gestört worden durch den Gedanken, Heine sei noch nicht lange genug
todt. —

Von classischen Stücken und von den älteren Stücken der
jüngeren Generation kamen an die Reihe: „Wilhelm Tell",
„Cabale und Liebe", „Der Kaufmann von Venedig", „Romeo
und Julia", „Das Käthchen von Heilbronn", „Nathan der
Weise", „Uriel Acosta", „Das Urbild des Tartüffe", „Graf
Essex" — und wie zur Abwechselung mitten darunter ge-
stellt unter dem Titel „Mann und Frau" eine Bearbeitung
der „Diane de Lys" vom jüngeren Dumas.

Vor „Wilhelm Tell" scheu' ich mich immer ein wenig,
weil ihm schwer zu genügen ist wegen seiner weiten, breit
auseinander gehenden Form mit vielen Verwandlungen und
mit opernhaftem Schlusse, und doch verführt er mich immer
wieder zur Inscenesetzung durch Vorzüge in der Schilderung,
welche in dieser Gattung anderen Stücken Schillers fehlen.

Die Schiller'schen Dramen sind und bleiben für unser
Theaterpublicum die stärksten Magnete. Mit Ausnahme etwa
der „Braut von Messina", welche ihren künstlichen Ursprung
auch beim enthusiastischen Schiller-Publicum nicht verbergen
kann. Sie allein übt die Anziehungskraft Schillers nur in
geringem Grade aus: das große Publicum sucht sie nicht.
Wie lehrreich! Selbst das größte Talent ist nicht im Stande,
das populär zu machen, was nur einer theoretischen Absicht
entsprungen ist. Welch einen Reichthum von Talent hat

Schiller an diesen erkünstelten Stoff verschwendet, welch eine
Fülle poetischer Rede! Und man fühlt doch heraus, daß der
Ursprung dieses Dramas nicht aus dem Kern seines Talentes
stammt, sondern daß er nur einem gelehrten Tendenzstoff sein
Talent geliehen hat.

Selbst „Wilhelm Tell", welchen die Schlegel für sein bestes
Drama erklärten, übt auf der Bühne nicht dieselbe Macht
aus, wie seine übrigen Stücke ausüben. Wenigstens nicht
überall. In Norddeutschland ist, wie ich schon in meinem
„Norddeutschen Theater" berichtet habe, seine Macht stärker
als in Wien. Dort sind die Forderungen und Folgerungen
der Bildung von größerer Gewalt, hier die Forderungen der
Kunst. Wie früher im Burgtheater mußte ich auch jetzt im
Stadttheater eingestehn, daß Wilhelm Tell — in seiner Einfachheit sehr tüchtig von Herrn Salomon dargestellt — eine
Lücke läßt in der Theilnahme des Publicums.

Das liegt wohl in der Aufgabe, welche sich dies Drama
stellt. Diese Aufgabe ist die Befreiung der Schweiz. Das
ist zu viel und zu wenig. Zu viel, weil das Drama dadurch zu einer übermäßigen Ausbreitung des Personals, also
zu einer Zersplitterung des persönlichen Antheils genöthigt
wird. Zu wenig, weil solche Aufgabe eine abstracte ist, und
dem menschlichen Kernpunkte, welchen ein dramatisches Kunstwerk absolut braucht, nur eine Mitarbeit gestattet. Sie kann
den menschlichen Kernpunkt nicht zum Mittelpunkte machen.
Tell, welcher dieser menschliche Kernpunkt sein soll, ist nicht
der wirkliche Mittelpunkt des Stückes, er ist nur ein wichtiger

Mitarbeiter. Daraus folgt, daß der letzte Act, also der Ab=
schluß des Stückes wohl die Befreiung der Schweiz, nicht
aber eine Schlußentwickelung des Haupthelden, des Wilhelm
Tell bringen kann. Ein Drama braucht aber eine persönliche
Schlußentwickelung.

Schiller hat das sehr wohl empfunden, und hat nicht
blos deshalb die Scene mit Parricida gegeben, um Meuchel=
mord von Meuchelmord zu Gunsten Tells zu entscheiden, sondern
gewiß auch deshalb, damit sein Held schließlich eine Bedeu=
tung gewinne.

Ich habe spät eingesehn, daß die Weglassung dieser
Scene im Burgtheater ein Fehler ist. Sie rettet allerdings
den mangelhaften Schluß nicht, aber sie macht doch einen
geistvollen Versuch, ihn zu retten. Dem dramatischen Ein=
druck nach ist das Stück zu Ende, wenn Geßler erschossen ist.
Wer das Stück nicht gelesen hat, steht da auf, um von
dannen zu gehn. Dies erweis't, daß nur die persönlichen
Verhältnisse im Theater Stich halten, nicht die abstracten,
und gerade der eigentliche Mangel eines letzten Actes macht
die Theilnahme des Publicums erlahmen. Es wird immer
ganz still in diesem Acte, und geht still auseinander. Es
fühlt die Leere dieses Schlusses, und vergißt die großen Schön=
heiten, welche es vorher genossen.

Die Art dieser Schönheiten veranlaßte Schlegel, von
dem herkömmlichen Tadel Schillers abzuweichen, und dies
Stück zu loben. Den dramatischen Hauptfehler des Stückes,
welcher im Stoffe verborgen ist, erkannte er nicht, weil ihm

überhaupt die Macht des eigentlichen dramatischen Hebels un=
bekannt blieb. Keiner der Schlegel, keiner der Romantiker
war ein eigentlicher Dramatiker. Sie konnten den „Tell" loben,
weil Schiller hier mehr als anderswo seiner rhetorischen Fülle
und Ueberfülle entsagt, und sich vorzugsweise mannigfaltiger
Charakteristik, landesmäßiger Schilderung hingegeben hatte.

Man macht am „Wilhelm Tell" nicht blos mit der Haupt=
sache bemerkenswerthe Erfahrungen. Unter der Hauptsache
verstehe ich, daß ein politischer Vorgang den Hauptinhalt
eines Dramas bilden soll und nicht genügend bildet. Auch
Einzelnheiten überraschen. Welch ein meisterhaft geführter Act
ist der zweite, die Verschwörung auf dem Rütli! Ich bin
stets tief ergriffen von ihm, und doch hab ich nie eine starke
theatralische Wirkung von ihm erlebt. Zwanzigmal wohl hab
ich ihn neu in Scene gesetzt, eingedenk der mir unzureichend
dünkenden Wirkung, und immer wieder hab ich sorgfältigst
die Steigerung angeordnet — umsonst! Das Publicum regt
sich am Schlusse kaum zu den schwachen Zeichen eines Ehren=
erfolgs. Läßt selbst hier eine blos politische Handlung trotz
der Vaterlands= und Freiheits=Motive kalt, weil sie nur
politisch? — Aber auf mich wirkt sie doch stark, warum nicht
auf eine größere Menge? Und so geschieht's in Norddeutsch=
land wie in Wien.

Fehlt da noch etwas im künstlerischen Auffassungsvermögen
unsers Publicums? Man sollt' es fast meinen.

Im „Käthchen von Heilbronn" mach' ich immer eine ähn=
liche Erfahrung. Der erste Act, der Graf, der alte Fried=

9*

bern und Käthchen vor dem heimlichen Gerichte, ist für mich
eine vortreffliche Composition, welcher ich vollen Beifall geben
muß. Ich bleibe aber immer ziemlich allein mit meinem Beifall, das Publicum scheint nie sonderlich davon erbaut. Fehlt
nicht auch da etwas von künstlerischem Auffassungsvermögen
in unserem Publicum?

Außer dem „Wilhelm Tell" brachten wir von den Schiller'-
schen Stücken jetzt „Cabale und Liebe" und später „Die Räuber". Vorbereitungen für „Don Carlos", „Die Jungfrau
von Orleans" und „Wallenstein" waren fortwährend im Gange,
für die „Jungfrau" nahezu beendet, da wir sie trefflich besetzen
konnten. Die Inscenesetzung wurde nur dadurch verzögert,
daß die Ausstattungskosten für den Krönungszug gar schwer
ins Gewicht fallen bei einem jungen Institute, welches alle
Unkosten ganz allein erwerben und obenein Zinsen zahlen
muß. So rächt sich ein Uebelstand wie eine Schuld, fort-
wuchernd von Geschlecht zu Geschlecht. Selten bietet sich ein
Personal so glücklich für ein großes Drama wie das unsrige
sich bot für dies Werk Schillers, und wir mußten zögern,
weil ein Luxus der Ausstattung gefordert wird. Umsonst hat
Schiller selbst auf Ifflands Bemerkung erklärt: daß man diese
Opernzuthat äußerlichen Glanzes nicht brauche, umsonst nahm
ich zu wiederholten Malen Anlauf zu dem Entschlusse, den
Krönungszug so bescheiden als möglich einzurichten — ich mußte
mich immer wieder überzeugen lassen, daß dies heutigen Tages
nicht mehr anginge. Das Publicum hat in den Apfel ge-
bissen, es läßt sich den äußerlichen Glanz nicht mehr ent-

ziehn. Und wenn es auch wollte, die öffentlichen Stimmen
scheuchen es immer wieder auf. Unsre kritischen Berichterstatter
unterlassen nie, die Ausstattung der Stücke nachdrücklich hervorzuheben, die Direction bitter zu tadeln welche nur einfache
Anständigkeit erstrebt, sie aber höchlich zu preisen, wenn sie
luxuriös ein Uebriges thut. „Die Thüren sind von Perl-
mutter, die Treppen von Perlvater" sagte der lustige Komiker
Schmelka, um die Uebertreibung zu verspotten. Darüber
lacht man jetzt nicht mehr, man findet's in der Ordnung, daß
Gold und Edelstein und Sammet und Seide da angebracht
werden, wo sie unsinnig sind. Geradezu gedankenlos sind
die öffentlichen Stimmen im Besprechen und im Preisen der
sogenannten Ausstattung. Selbst der Spott kundiger Leute
gegen diese Putzsucht wird schon nicht mehr empfunden. Man
nennt einen Führer dieser Putzsucht im Theater den „Tape-
zier-Dramaturgen"; aber der Vorwurf wird kaum verstanden,
und gilt für harmlos.

Sie wissen nicht, was sie dem Schauspiele mit dieser
Feier der Aeußerlichkeiten anthun. Wie sehr sie es von ge-
meinem Reichthum abhängig machen, wie sehr sie die Aufmerksamkeit auf Wort und Gedanken zerstreuen, ja zerstören,
wie sehr sie die poetische Mitthätigkeit des Publicums ver-
nichten.

Ich stimme wahrlich nicht gern ein in die landläufigen
Klagen vom Niedergange des Theaters, in dieser Frage aber
muß ich's zugeben: diese Putzsucht ist ein breiter Weg zum
Untergange.

Auch das Beispiel Englands geht spurlos an unsern
öffentlichen Rednern vorüber. Was hat man da für Aus=
stattung verschwendet an die Shakespeare = Stücke! Und was
hat man damit erreicht? Schaustücke, die immer wieder ver=
schwunden sind. Die wahre poetische Theilnahme an den
Werken des großen Dichters ist keineswegs dadurch geweckt,
sondern nur verschüttet worden. Die schönsten Decorationen
und Kleider decken sie zu, und man muß jetzt in England
darauf denken, zur Einfachheit zurückzukehren, will man den
Dichter nicht ganz für die Bühne verlieren.

Die Oper mag große sinnliche Reizungen brauchen, dem
Schauspiele schaden sie. Das Schauspiel wendet sich trotz
seines Namens nicht an die Sinne, sondern an Gemüth
und Geist. Es giebt aber keine Gesundheit irgend eines
Wesens, wenn man dies Wesen mit unpassender Nahrung
überfüllt, es besteht kein gutes Schauspiel, wenn es mit den
Nahrungsmitteln der Oper überhäuft wird.

Uebrigens muß ich eingestehn, daß wir mit der „Jung=
frau von Orleans“ hauptsächlich ans Sonntags = Publicum
dachten. Die geringschätzige Anschauung dieses wunderthätigen
Mädchens, welche ihr damals der weimarische Herzog Karl
August angedeihen ließ, ist zwar auch heute noch nicht bei
uns eingekehrt. Voltaires pucelle und französischer Ge=
schmack, welche den Herzog zur Geringschätzung der „Jungfrau“
brachten, herrschen auch heute noch nicht unter uns. Aber
in der Wunderfrage sind wir empfindlicher geworden und der
feinere Theil unsers Publicums genießt wohl noch dankbar dieses

in Wundern dahin schreitende Stück, dessen erster Act ja
ein dramatisches Meisterwerk, aber dieser Theil unsers Publicums sucht die „Jungfrau von Orleans" doch nicht mit dem
Eifer wie es den „Don Carlos", den „Wallenstein", und
allen voraus die „Maria Stuart" sucht.

Ebenso verhält es sich zum „Fiesco". Es giebt dem
Freiherrn von Dalberg und dem Mannheimer Theatercomité
nicht gerade Recht, daß sie vor dem Fiesco-Manuscripte so
gründlich erschraken, nein! es findet in dem zweiten Stück
des Karlsschülers ein strotzendes Erfindungs- und Composi-
tionstalent, aber es vermißt die sparsame, geschmackssichre und
ausgleichende Reife der Führung, wie Schiller ja selbst sie
später vermißt und weshalb er an eine Neubearbeitung des
„Fiesco" gedacht hat. Wie schade, daß ihm die Kürze seines
Lebens die Zeit dazu nicht gelassen!

Auch „Fiesco" stand wie „Carlos" auf unserm Repertoire,
da wir in Herrn Robert einen Darsteller des Fiesco wie des
Posa besaßen, und die Rolle des Wallenstein ward mit Herrn
Salomon vorbereitet. Wir dachten, alle Schiller'schen Stücke
bald in Scene stehen zu sehn, und dachten keinen Augenblick an
eine mögliche Ungunst der Zeit, welche das verhindern könnte.

14

Nächst Schiller und Shakespeare war Lessing unser Haupt-
augenmerk. Nicht Goethe, dessen „Faust" wir besaßen, dessen
weitere Stücke wir aber einer späteren Zeit vorbehielten. Er
verlangt, da er weniger dramatisch, ein sehr gereiftes Personal.

Lessing dagegen hat mit seinem großen Verstande das
Theater selbst scharf ins Auge gefaßt, und bleibt denn auch
von wunderbarer Lebenskraft für das Theater. Seine drei
Stücke erscheinen heut noch immer jung. Und dabei vertreten
diese drei Stücke alle drei Hauptformen des Dramas: „Emilia
Galotti" das Trauerspiel, „Nathan der Weise" das Schauspiel,
„Minna von Barnhelm" das Lustspiel.

Zunächst meinten wir „Nathan" am vollständigsten besetzen
zu können, da erst mit der Jahreswende die Verstärkung des
Personals von „Emilia Galotti" und „Minna von Barnhelm"
erwartet wurde. So begannen wir denn mit „Nathan", also
mit einem Drama, welches Lessing gar nicht unmittelbar für die
Bühne geschrieben hatte, da ihm die religiöse Frage gar nicht
so weit vorgerückt erschien, um das Predigen der Toleranz
vom Theater herab zu gestatten.

Er hatte zu wenig gehofft: der „Nathan" wurde bald in Berlin gegeben, und ist unter Josephinischem Traditions= schirm auch nach Oesterreich eingedrungen, obwohl er bis vor Kurzem eine schreiende Gegenlehre alles Dessen war, was in Oesterreich für religiöse Lehre gelten sollte.

Er lebt auch heute noch in erster Linie von seiner Ten= denz; sein sonstiger dramatischer Reiz wäre kaum groß genug.

Dennoch ist er nicht im gewöhnlichen Sinne ein Ten= denzstück, oder er ist es doch nur im edelsten Sinne. Er predigt Toleranz, das ist Liebe. Nun, dies ist eine Tendenz, vor welcher man sich beugt, weil Liebe jeder Kunstform wohlthut. Er vertheilt ferner seine tendenziöse Aufgabe weislich an ver= schiedene Personen mit verschiedenem Inhalte, und macht die Personen zu wirklichen Trägern. So ist jegliche Abstraction ver= mieden, wir gelangen wirklich ins Fahrwasser eines Kunstwerks.

Unsere Darstellung des „Nathan" zeichnete sich nicht son= derlich aus. Nathan selbst war an jenen Heldenvater, den Lear=Darsteller, gekommen, welcher verständig sprach, aber als Talent schwach wirkte, weil ihm der unmittelbare Ausdruck des Talents abging. Und diesen unmittelbaren Ausdruck braucht doch auch Nathan bei all seiner Weisheit. Ein über= legener Humor in der ersten Hälfte und eine starke Empfin= dung im vierten Acte bei der Erzählung von Darun sind un= erläßlich, wenn das lehrhafte Stück lebensvoll wirken soll.

Lessing wirkte wohl auch jetzt bei uns, aber unsre Wie= dergabe Lessings hatte nur eine verschwommene Physiognomie.

Sie wurde ausdrucksvoller, als Herr Lobe später den
Nathan spielte. Bei guten Stücken versucht man's eben so
lange mit Neubesetzungen bis die Darstellung dem Dichter-
werke zu entsprechen scheint. Ganz gelang das auch mit Herrn
Lobe nicht: die Höhe Nathans in Geist und Gemüth wurde
nicht ganz erreicht. Aber das Angesicht des Stückes trat doch
schärfer hervor, und das Publicum spendete vollen Beifall.

Man hat neuerdings einige Male versucht, auch „Miß
Sarah Sampson" in das heutige Repertoire zu bringen, und
das Publicum, welches sich unter allen Umständen vor der
Autorität beugt, hat auch applaudirt. Ich halte das aber für
ein vergebliches Beginnen. Der Stoff widerspricht unserm
sittlichen Geschmacke, und dieser ist im Theater immer entscheidend.

Es ist außerordentlich schwer, vergessene Stücke aus frü-
herer Zeit wieder einzubürgern. Selten sind sie durch Zufall
vergessen worden, denn das Theater braucht zu dringend viel
Stücke, und die Directoren spähen auch nach rückwärts wie
die Raubvögel nach Beute. Fast immer giebt es einen guten
Grund, wenn ein Stück untergegangen ist. Dem Theater
nützt es nicht, daß „Julius von Tarent" von Leisewitz jetzt
wieder zur Aufführung empfohlen wird, weil damals die Preis-
richter falsch gerichtet hätten. „Julius von Tarent" mag damals
das beste Stück gewesen sein, jetzt reicht es nicht zu.

Und obwohl man das weiß, läßt man sich doch immer
wieder verleiten, Zeit und Mühe auf Ausgrabungen zu ver-
schwenden. Ich grub mir zum Beispiele jetzt wieder einmal

den Grabbe aus, von welchem neuerdings eine recht empfeh-
lenswerthe Gesammtausgabe erschienen ist. Ein junger frischer
Schriftsteller Oskar Blumenthal hat mit großem Fleiße diese
neue Gesammtausgabe bewerkstelligt, und durch Sammlung
des handschriftlichen Nachlasses den ganzen Grabbe neu be-
leuchtet. Diese neu entdeckten eigenhändigen Briefe und
Schriften Grabbes in Blumenthals Besitz möchten manchen
Sammler höchlich locken. Es ist der Ausgabe auch ein Stahl-
stich-Portrait Grabbes beigegeben, und dies zeigt, auffallend
genug! den Himmelstürmer mit einem Kopfe, welcher einem
anständigen, reinlichen Beamten zupassend wäre. — Für das
Theater war meiner Ausgrabung Mühe ganz umsonst. Das
wildeste seiner Dramen, der „Herzog von Gothland", wäre
am Ersten noch herzurichten, aber es müßte eben ganz her-
gerichtet und vereinfacht, will sagen neu gemacht werden.
„Don Juan und Faust" ist auch nicht herzurichten; es scheitert
selbst bei der Lectüre an den grellen Reminiscenzen, welche
aus Goethes „Faust" und aus Daponte-Mozarts „Don Juan"
wie dürftige Gespenster auftreten. Ich hoffte noch auf die
historischen Dramen, auf die Hohenstaufen, ach, und erfuhr
da das Schlimmste. Ich erfuhr, daß Grabbe gar nicht dramatisch schreibt; er beschreibt nur dramatisch. Das ist auf der
Bühne der blanke Tod.

Nach Schiller, Lessing und Goethe wen findet das deutsche
Theater als nächsten Classiker? Das erste Viertheil unsers
Jahrhunderts läßt die Stelle leer.

Man greift da gern zu Shakespeare, um die Lücke aus-

zufüllen. Er hat lange seine Schuldigkeit gethan für das
deutsche Repertoire, und thut sie wohl noch. Aber täuschen
wir uns nicht: so lebendig wie unsre heimathlichen Classiker
zieht er das Publicum doch nicht an. „Hamlet" noch am Ersten.
Mitunter auch „Lear", wenn ein mächtiger Schauspieler für den
alten König vorhanden ist. Dann aber vermindert sich seine
Zugkraft schon selbst bei den Stücken, welche für hoch will=
kommen gelten in unserm Repertoire. Selbst bei „Romeo und
Julia", welches noch vor zwanzig Jahren eine starke An=
ziehungskraft besaß, und sie in diesem Grade nicht mehr be=
sitzt, sobald nicht ein außerordentlich reizendes Darstellungs=
talent für die Julia zu Hilfe kommt. Ebenso steht's mit dem
„Kaufmann von Venedig", dessen Clownscenen zwischen dem
alten und jungen Gobbo und dessen harte Contraste zwischen
Drama und Lustspiel mehr und mehr befremden. „Julius
Cäsar" und „Coriolan" werden von den Gebildeten hoch ge=
achtet, finden auch wohl — „Cäsar" wenigstens — einigen Zu=
drang, wenn eine neue Inscenesetzung lockt. Aber eine öftere
Wiederkehr wie unsere Classiker vertragen sie nicht, sie haben
ein viel kleineres Publicum. Ebenso steht's mit dem so
grandios componirten „Macbeth", der nie vollständig populär
geworden, und die berufensten Schauspieler braucht man für
Macbeth, Lady Macbeth und Macduff, um öfters das Haus
zu füllen. „Othello", die sorgfältigste Composition Shakespeares
und in seiner Compositionsform mit unsern Formansprüchen
übereinstimmend, ist manchem deutschen Publicum zu marter=
voll und zu grausam. „Von den englischen Historien endlich

ist nur „Richard der Dritte" ein Stück; es wird auch besucht,
weil es einen entschlossenen Gang einhält, aber oft darf es
nicht kommen, weil es unangenehm ist. Die andern Historien
sind Stylübungen der Theater, welche Zeit übrig haben, und
mit solchen für vornehm geltenden Studien täuschen zu können
glauben. Das Repertoire gewinnt damit nichts Dauerndes,
denn das eigentliche Publicum nimmt keinen Antheil daran.
Der sonst so scharfe Rümelin spricht mäßig und doch
ganz entscheidend über diese Historien wie folgt: „Man kann
es vollkommen zu schätzen wissen, welchen Werth es für das
englische Volk hat, in dem Shakespearischen Dramencyklus
eine Art von nationaler Epopöe zu besitzen: man kann noch
höher den unverwüstlichen und mächtigen Zauber schätzen, den
Shakespeares wunderbare Dichtersprache über jeden Gegen-
stand zu verbreiten weiß; es kommt uns auch keineswegs in
den Sinn, an diese englischen Historien den fertigen Maßstab eines bestimmten ästhetischen Begriffs vom Drama an-
zulegen, da wir vielmehr ganz dem Satze huldigen: tous les
genres sont bons hors le genre ennuyeux; allein darum
handelt es sich eben, ob diese Historien, wenn man von der
glänzenden Ausnahme, die hierin Richard III. bildet, absieht,
noch die Spannung und das Interesse in ihrem Hauptinhalt darbieten, ohne welche wir uns keine ästhetischen
Wirkungen denken können. Man kann den König Johann,
Richard II., die beiden Lancasterschen Trilogieen wiederholt
und oft gelesen haben, man wird eine Menge Einzelnerinne-
rungen bewahren, aber man findet es schwer anzugeben, was

man eigentlich gelesen oder gehört hat; man fühlt sich immer
wieder versucht, sich aus Geschichtsbüchern noch besser zu orien-
tiren um einigen Ueberblick zu gewinnen. Die sicherste prak-
tische Probe für die Schönheit eines poetischen Werks, daß,
wenn man damit zu Ende ist, man Lust hat, gleich wieder
von vorn anzufangen, bestehen gerade diese englischen Historien
am wenigsten". Und das sagt Einer, welcher die Theaterwirkung nicht sonderlich kennt. Wer diese ins Auge faßt, der
spricht noch viel herber. —

Und damit sind wir fertig mit dem wirklichen Shakespeare-
repertoire für uns. Was von Shakespeares weiteren Stücken
noch aufgeführt wird, findet nur Achtungserfolge, und steht
dem großen Theaterpublicum ganz fern. „Halbe Häuser"
heißt das für den Theaterdirector.

Ich folgre das Alles nicht etwa aus unsern beiden Aufführungen von „Romeo und Julia" und dem „Kaufmann
von Venedig", welche in unser erstes Halbjahr fielen. Sie
bedeuteten nichts für irgend eine Folgerung, weil wir mit
Besetzung der Hauptfiguren keinen Glanz ausstrahlen konnten.
Ich folgre es aus langer Beobachtung des Theaterbesuchs. Pflegen
wir also doch ja unsre jüngeren dramatischen Talente! Das
deutsche Theater braucht dringend Nachwuchs.

Alfred Meißner, der bei unsrer dramatischen Production
leider nur angeklopft und nicht ausgehalten hat, bringt neuerdings in Frage: warum denn neben Shakespeare nicht der
sonstige schöpferische Reichthum aus der Shakespeare-Epoche in
Anspruch genommen werde für unser Repertoire? Unter den

zahlreichen Talenten, welche neben und nach Shakespeare die englische Bühne versorgten, sei insbesondere Philipp Massinger ins Auge zu fassen. „Die Werke der Spanier" — sagt Meißner treffend — „werden wegen ihrer der unsrigen diametral entgegen gesetzten Weltanschauung uns stets fern bleiben, hier aber ist eine Reihe dem Shakespeare verwandter, in der Glanzepoche des Dramas geborener, in ächt germanischem Geiste geschriebener Dramen da. Soll nun immer nur Shakespeare das Schoßkind der Literar-Historiker und Dramaturgen bleiben, bei dem man Alles groß findet und Alles zu retten sucht, was mitunter zu krausen, unerfreulichen, unfruchtbaren Experimenten führt." — Alfred Meißner setzt alsdann auseinander, daß damalige Dramatiker wie Massinger unserm Theater näher stünden, da sie die übermäßige Freiheit der Bewegung in der Shakespeareschen Form, „Naturalismus, Willkühr, Anarchie" nannten, und im Sinne des Aristoteles zu engerer Geschlossenheit reformirten.

Nun, es wird uns willkommen sein, wenn Leute wie Meißner unserer Bühne Bearbeitungen dieser englischen Gruppe bieten. Bis jetzt sind sie aber nicht da, und unser Repertoire bleibt unter den Engländern auf Shakespeare allein angewiesen.

Nach jener leeren Stille eines Vierteljahrhunderts in unsrer dramatischen Literatur nach Lessing, Schiller und Goethe kam Heinrich von Kleist im Norden, Franz Grillparzer im Süden, die als fragliche, das heißt mögliche Classiker ange-

sehn wurden, und angesehn werden. Was haben sie für eine
Stellung beim Theater gefunden?

Heinrich von Kleist ist mehr und mehr zurückgetreten,
Franz Grillparzer ist mehr und mehr vorgetreten.

Von Kleist steht nur noch ein einziges Stück auf der
Bühne, das „Käthchen von Heilbronn". Der „Prinz von
Homburg" hat trotz großer poetischer Reize nie volle Ver-
breitung gefunden, weil der Charakter des Prinzen als eines
Soldaten, welcher der Todesfurcht bis zur Kläglichkeit erliegt,
einen gar zu peinlichen Eindruck macht, und weil die Krank-
haftigkeit, auch wenn sie noch so poetisch behandelt wird, von
der Bühne herab ungünstig anmuthet. Nur in Berlin, wo
das Stück ein vaterländisches und dynastisches Interesse hat,
wurde es eine Zeit lang erhalten. Wenigstens actweise. Man
gab da zuletzt mitunter einzelne Acte, namentlich den Schlacht-
act. Das Verbot, Hohenzollern-Figuren auf die Hofbühne
zu bringen, trat noch dazu in den Weg. In letzter Zeit ist
das Stück auch da ganz verschwunden. Selbst der „zerbrochene
Krug", in der Schmidtschen Verkürzung von Döring meisterhaft dargestellt in der Figur des Richter Adam, ist ganz selten geworden im Repertoire. Anderswo hat er nie festen Fuß
fassen können, weil man seine Komik, die Komik der Voraus-
setzungen, zu spitz fand für die Bühne. Diese Komik bringt
es mit sich, daß man nachträglich lacht, im Theater aber will
man auf der Stelle lachen. Und das „Käthchen" selbst —
wir müssen's uns eingestehn — ist auch ziemlich alt geworden.
Eine verzweifelt reale Zeit sieht mit Befremden ein Ritter-

stück, dessen Held und Heldin ein Traumleben in die Wirklichkeit verpflanzen, in eine Wirklichkeit, welche grob ritter-
thümlich um sie herum hantirt. Der gute poetische Glaube
daran wird heutigen Tags immer seltener, das Theaterpublicum dafür wird also immer kleiner.

Grillparzer ist wohl dadurch bekannter geworden, daß
endlich eine Gesammtausgabe seiner Werke erschienen ist, aber
für's deutsche Theater ist er immer noch von beschränkter Wirksamkeit. Seine Stücke sind schwer, und verlangen strenge
Aufmerksamkeit. Man kann ihre Theaterbedeutung bis jetzt
nur immer noch an ihren Wirkungen in Wien abmessen, wo
eine heimathliche Theilnahme, wohl auch ein heimathlicher
Grundton ihnen zu Hilfe kommt. Merkwürdig genug sind
es seine drei griechischen Stücke, welche unzweifelhaft feststehn
auf der Wiener Bühne, „Medea", „Sappho", „Des Meeres
und der Liebe Wellen". „Medea" und „Sappho" halten durch
Kraft und Schönheit der Composition auch auf andern deutschen
Theatern Stand, kommen aber selten an die Reihe. Das ist
ein Fehl dieser Theater. In ihrer Einfachheit ist wohl
„Sappho" die Perle, und es ist unbegreiflich, daß die deutschen
Theater sie nicht regelmäßig in ihrem classischen Repertoire
verwerthen. — Als Bühnenstück behauptet sich in Wien auch
„Der Traum ein Leben" unerschütterlich. Spärlicheren An-
theil des großen Publicums findet daneben merkwürdigerweise
„Ottokars Glück und Ende", und „Ein treuer Diener seines
Herrn" scheint zu verschwinden. Der Eigensinn seines Hel-
den, welchen moderner Liberalismus durchaus mißverstehen

will, mag die Ursache sein. „Der Bruderzwist“ ist nur vor
einem ausgewählten Publicum wirksam zu machen, und „Libussa“ wie „Die Jüdin von Toledo“ sind bis jetzt nur auf-
getaucht, um sogleich wieder unterzutauchen. Wir durften sie
des traurigen Reverses wegen nicht geben. Es ist nicht unmöglich, daß sie bei Besetzung mit den richtigen Talenten über
dem Wasser bleiben können. Das ist abzuwarten. Eine
starke Zugkraft von der Bühne herab steht ihnen schwerlich
zu Gebote. „Weh dem der lügt“ ist nach dem ersten Miß-
erfolge nicht mehr versucht worden. Ich hatte einen zweiten
Versuch vor, sobald ich für den Leon, einen Helden wunder-
lich gemischten Wesens, den entsprechenden Schauspieler gefunden, aber mehr als einen Achtungserfolg wagte auch ich
im günstigen Falle nicht zu hoffen, und „Schauspiel“ meinte
ich es jedenfalls nennen zu müssen, nicht „Lustspiel“. —
„Die Ahnfrau“ dagegen, sein erstes und am Besten verläster-
tes Stück, ist noch heute so wirksam wie in seiner Jugend.
Es schäumt über von dramatischem Talente, und wird auch
heute überall noch seine Wirksamkeit nicht versagen, wenn es
von talentvollen Schauspielern warm gespielt wird. Die ba-
nale Kritik wird ihr freilich auch nirgends die erlernte Nase-
weisheit erlassen.

Diesen beiden Dichtern vom ersten Vierteljahrhunderte,
welchen classische Bedeutung zugetraut wurde, folgten zwei
Oesterreicher als unzweifelhafte Talente für Theaterstücke,
Friedrich Halm für's Schauspiel, Bauernfeld für's Lustspiel.

Es ist merkwürdig, daß von Halms Stücken jetzt kaum

zu sagen ist, ob sie auf den Bühnen noch leben, oder nicht. Und doch sind sie mit glänzendem künstlerischen Talent aufgebaut wie ausgeführt, und mehrere von ihnen haben eine Reihe von Jahren hindurch große Wirkung ausgeübt auf allen Bühnen. Man braucht nur die Namen anzuführen „Griselbis", und „Der Sohn der Wildniß". Jetzt hört und spricht man kaum noch etwas von ihnen. Sie sind gleichsam aus der Mode. Woher kommt das? Vielleicht daher, wie ich anderswo einmal auseinandergesetzt, weil sie ihrem Wesen nach der Kunstpoesie angehören, und nicht blos künstlerisch, sondern auch künstlich empfangen und -ausgearbeitet sind? Kunstpoesie verfällt allerdings der Mode. Immerhin bleibt da ein Räthsel übrig, denn Composition und Ausführung der Halmschen Stücke sind in der That Zeugnisse eines vollendeten Talentes. Ich meine auch, es sei zu tadeln, daß die Theater solche Stücke fallen lassen, welche in ihrem zwingenden Aufbau und in ihrer wohlklingenden Sprache das Theaterpublicum immer gewinnen, und ich hätte sie gern im Stadttheater aufgeführt, wenn sie mir nicht durch den Revers für's Burgtheater entzogen gewesen wären. Da bewährte sich diese Reversweisheit: das Burgtheater benützte sie kaum, ein andres Wiener Theater aber durfte sie nicht geben, und so sinken werthvolle Dichtungen zu den Schatten.

Nach diesen ersten Stücken „Griselbis" und „Sohn der Wildniß", welche in den dreißiger Jahren erschienen, hat Halm erst zwanzig Jahre später nochmals mit dem „Fechter von Ravenna" einen populären Erfolg errungen, und von

10*

seinen letzten Arbeiten ist dreißig Jahre später das barocke, aber sehr geschickt ausgeführte Opus „Wildfeuer" noch auf mancher Bühne vorhanden.

Bauernfeld, welcher ebenfalls in den dreißiger Jahren auftrat, war uns ebenfalls durch den Revers entzogen, und er lebt ebenfalls durch seine ersten Stücke auf dem deutschen Theater. „Die Bekenntnisse" und „Bürgerlich und Roman= tisch" heißen diese Stücke, die seinen Ruf begründet und er= halten haben. In Wien bestehen noch zahlreiche Stücke von ihm auf dem Burgtheater, theils anspruchslose aus seiner früheren Zeit, theils sententiös anspruchsvolle aus neuerer Zeit. Unter letzteren ein gutes Lustspiel „Krisen", die Aus= arbeitung eines kleineren Stückes von Feuillet. Ein Eltern= paar mit sehr komischem Vater ist der wirksamste Theil dieser Ausarbeitung und Zuthat. Von den übrigen neueren — Bauernfeld ist sehr fruchtbar — ist eins „Aus der Gesell= schaft" auch auf den andern deutschen Bühnen zur Geltung gekommen, die Mehrzahl aber ist auf Wien beschränkt geblie= ben. Die mangelnde Körperlichkeit in der Handlung, welche all seinen Stücken eigen, wird von den Wienern leicht nach= gesehn, wenn die Anmuth und geistige Behaglichkeit seines Dialogs halbwegs Entschädigung bietet, besonders dann, wenn Wendungen hervorspringen, welche sich auf speciell Wienerische Verhältnisse beziehn, und nur von Wienern verstanden und gewürdigt werden können. An dieser Würdigung läßt es das ausgeprägte Lustspielpublicum in Wien nicht leicht fehlen.

Diese beiden Oesterreicher blieben in den dreißiger Jah=

ren allein, da die norddeutschen Producenten, Raupach an der Spitze, sehr bald vergänglich erschienen. Erst in den vierziger Jahren betrat ein jüngeres Geschlecht, jetzt schon das ältere genannt, unsre Bühne, Gutzkow, Laube, Freytag, Benedix, Putlitz und die Romane dramatisirende Frau Birch-Pfeiffer. Zu Anfang der fünfziger Jahre Hebbel, Brachvogel und Hackländer. Eine Anzahl von Dramen dieser Generation hat jetzt noch volle Lebenskraft auf unsern Bühnen. Von Gutzkow in erster Linie „Uriel Acosta", dann „Zopf und Schwert", „Das Urbild des Tartüffe" und „Werner". Gutzkow hatte sich gegen den Revers ausgesprochen, und wir konnten seine Stücke bringen. Zuerst „Uriel Acosta" mit durchgreifendem Erfolge. Herr Robert war ein interessanter Uriel, Fräulein Frank eine poetische Judith. Dann „Das Urbild", ebenfalls von Robert als Molière getragen und von Lobe als Laroquette. Diese Rolle hieß bekanntlich früher Lamoignon. Der historische Nachweis, daß Lamoignons Charakter dem Urbilde einer Jesuitennatur nicht entspräche, hat Gutzkow veranlaßt, die entsprechende historische Figur eines Laroquette an die Stelle zu setzen. „Zopf und Schwert" wurde vorbereitet. — Von Laubes Dramen kamen im ersten Jahre „Die Karlsschüler" und „Graf Essex" zur Aufführung. — Von Freytag konnten wir nichts bringen, weil wir im Ungewissen blieben, ob er einen Revers unterzeichnet hätte, darüber aber durch ihn selbst ins Klare gesetzt wurden, daß er sich für verpflichtet hielt, dem Burgtheater ein Vorrecht einzuräumen, weil er seine Stücke doch wohl damals in der

Meinung überlassen habe: sie dürften nur ihm, und nicht
einem andern Wiener Theater angehören. Nun war ich zwar
selbst damals Director des Burgtheaters gewesen, und hatte
solch eine Meinung nie veranlaßt, Freytag hatte auch damals
gar keinen Drang gezeigt, seine Stücke auf dem Burgtheater
gespielt zu sehn — aber ich war doch jetzt außer Stande,
solch eine Grille zu beseitigen, und wir mußten aus solchem
Grunde auf Freytags Stücke verzichten. Es sind von ihm
„Die Journalisten", eins unsrer besten Lustspiele, auf allen
Bühnen noch hoch willkommen. „Die Valentine" scheint in
Vergessenheit zu gerathen, desgleichen „Graf Waldemar".
Letzterer ganz mit Unrecht; denn er ist ein interessantes Stück,
welchem ein greller letzter Act nachgesehen werden kann für
die vorausgehenden wohl geführten vier Acte. „Die Valen=
tine" leidet ein wenig an manierirter Haltung des Helden,
enthält aber so viel Reizendes und Werthvolles, daß die
Bühnen nicht leichtfertig auf sie verzichten sollten. Sein
römisches Stück „Die Fabier", ebenfalls durch einen summa=
rischen letzten Act für die Bühne geschwächt, ist ein tüchtiges
Kunstwerk, das ich mit Freuden auf dem Stadttheater in
Scene gesetzt hätte, wenn es mir nicht durch jene Privilegiums=
frage entzogen geblieben wäre. Das Burgtheater giebt es
nicht mehr trotz des Privilegiums, und so bleibt es verschwun=
den. Es ist unbegreiflich, daß unsre Bühnen solche Stücke
unbeachtet liegen lassen!

Auch von Putlitz ist ein ernstes Drama „Das Testa=
ment des großen Kurfürsten" der Erhaltung werth. Mehrere

anmuthige Lustspiele von ihm stehen fest im deutschen Reper=
toire, und ich habe schon erwähnt, daß wir „Spielt nicht mit
dem Feuer" mit günstigster Wirkung gegeben. Ein zweites
„Gut giebt Muth" mit sehr sinnigem Grundgedanken hatte
auch einen artigen Erfolg, und sein neustes „Doctor Rai=
mond" war in Vorbereitung.

Roderich Benedix, welcher ein paar Jahrzehnte lang auf
der deutschen Bühne zu Hause war mit seinen etwas haus=
backenen aber recht gesunden Lustspielen, steht jetzt in kritischer
Altersfrage. Man weiß noch nicht zu sagen, ob seine schlichte
Form längere Dauer haben werde. Sein „Doctor Wespe",
einst gekröntes Preisstück, ist schon seit Jahren veraltet mit
seinen dicken Strichen der Unwahrscheinlichkeit, und seine
„Zärtlichen Verwandten", welche man mit ihren gewöhnlichsten
Schablonenfiguren nur für kleine Provinztheater geeignet
erachtet hätte, welche aber auch auf den ersten Theatern ge=
fallen haben, werden wohl auch nach einiger Zeit das Schick=
sal des Gewöhnlichen theilen, und untergehn. Sein „Ge=
fängniß" jedoch, und noch mehr sein „Ein Lustspiel" sind so
ächte deutsche Lustspiele, daß sie wohl noch lange dem deutschen
Repertoire werthvoll bleiben werden. Uns im Stadttheater
waren sie versagt durch den Revers. Nur „Das Stiftungs=
fest", weil es dem vorwiegenden Mitarbeiter, dem talentvollen
von Moser zur Verfügung stand, fiel uns zu, und hat uns
denn auch heitre Lustspieldienste geleistet.

Zuletzt kommen nun die noch jüngeren und jüngsten
Dramatiker für das Repertoire in Rede, die Mosenthal, Heyse,

Wilbrandt, Moſer, Weilen, Sigmund Schleſinger, Lindau, Wichert, Mels, Roſen, von denen uns auch Mehrere als Re= verſiſten unterſagt blieben.

Der aufmerkſame Beobachter wird nach dieſem ungefäh= ren Regiſter von ſelbſt die Folgerung ziehn: für ein täglich ſpielendes Schauſpieltheater ohne Oper und ohne eigentliche Poſſe iſt der deutſche Vorrath an dramatiſchen Dichtungen, wenn auch reichhaltig und mannigfaltig, doch kaum zureichend. Täglich! täglich ein Schauſpiel, welches hinreichend anzieht! Das iſt ein koſtſpielig Wort.

Dieſer Vorrath iſt auch darum kaum zureichend, weil er ſehr viel ſchwierige Aufgaben enthält, welche lange Studien= zeit in Anſpruch nehmen, und weil das leichter fertig zu machende, das belebende Luſtſpiel ſehr dünn geſät iſt. Der aufmerkſame Beobachter wird alſo wohl zugeſtehn, daß die Benützung ausländiſcher Stücke von heiterer Gattung geradezu unerläßlich iſt, wenn das Theater ſich ſelbſt e r h a l t e n, alſo auch ein großes Publicum u n t e r h a l t e n ſoll.

15

Das gelang uns über Erwarten: wir unterhielten und kamen in Gunst.

Das Einstreuen kleiner Stücke trug sichtlich dazu bei. Die kleinen Stücke werden als bloße Scheidemünze leicht außer Rechnung gelassen von den Geschichtschreibern dramatischer Literatur, und es wird ihnen in Deutschland ein geringer Werth beigelegt.

Das ist nur zum Schaden. Es sind gar oft Goldstücke darunter, und was noch mehr sagen will: unsre dramatischen Dichter kommen so selten zum Gewinn eines großen Stückes, weil sie die Composition eines kleinen Stückes gering achten und nicht erlernen. Leute wie Scribe sind nur durch Erlernung des Componirens kleiner Stücke zu der Fähigkeit aufgestiegen, auch ein richtig gegliedertes großes Stück aufzubauen.

Die Kunst der Composition ist über die Maßen vernachlässigt unter uns, und nur dadurch erklärt es sich, daß wir wie keine andere Literatur überfluthet sind mit dramatischen Schriften, welche völlig werthlos sind. Jeder Tag im Jahre bringt einem deutschen Theaterdirector von Bedeutung ein

neues Stück, und wenn das Jahr abgelaufen ist, so ergiebt
sein Register, daß er wenigstens dreihundert zurückgesendet
hat. „Remittirt" heißt der Feindschaft gebärende Kanzlei=
Ausdruck.

Unter diesen dreihundert ist die große Mehrzahl ganz
schülerhaft. Ungefähr zehn sind darunter, welche ein gutes
Korn, eine gute Idee, eine gute Anlage enthalten. Den Auto=
ren dieser zehn sagt oder schreibt man: aus diesem oder
diesem Grunde ist das Stück für die Bühne nicht zu brauchen,
wenn jedoch in dieser oder dieser Richtung der Aufbau geän=
dert wird, so könnte ein brauchbares Stück entstehn.

Hat das nun wohl eine Folge? Aeußerst selten, gewöhn=
lich keine. Der deutsche Autor sagt: Flicken kann und mag
ich nicht, da schreib ich lieber ein neues Stück! — Und so
schreibt er immer wieder neue Stücke, weil ihm das Erlernen
der innern Structur lästig ist, und schreibt so lange, bis er
endlich mit einem Fluche auf das undankbare, dem Unter=
gange verfallene deutsche Theater seine ganze dramatische
Thätigkeit aufgiebt, weil er sie aufgeben muß.

Als ob ein Dilettant, welcher das Bauhandwerk nicht
erlernt hat, ein Haus bauen könnte!

Mit Verachtung sprechen dann diese zahlreichen Verun=
glückten von der bloßen „Mache", welche sich schnöder Weise
auf dem deutschen Theater den Platz erobere, und den edlen
Talenten den Raum wegnehme.

Daran ist richtig, daß die bloße Mache gewöhnlichen
Stoffs leichter zur Aufführung gelangt als die mangelhafte

Composition eines edlen Stoffs. Man muß eben gehen und stehen können, um aufzutreten, man muß der Anfangsgründe mächtig sein, ehe man in der Kunst öffentlich figuriren kann.

Neuerer Zeit erst haben einige dramatische Talente unter uns eingesehn, daß es lehrreich und auch dankbar sei, kleine Stücke zu schreiben, und wir sind nicht ganz mehr auf die Franzosen angewiesen, welche eben durch sorgfältiges Studium der Composition das Theater beherrschen im leichteren Genre. Putlitz, Lindau, Moser, Sigmund Schlesinger, Horner, auch Gutzkow schenkten dem Stadttheater kleine Arbeiten. Wir haben ihrer, deutsche und fremdländische zusammen gerechnet, gegen dreißig aufgeführt im Laufe der zwei Jahre. Von den deutschen hat „Die böse Stiefmutter" von Putlitz und „Splitter und Balken" von Moser besonderes Glück gemacht. „In diplomatischer Sendung" von Lindau und „Er ist nicht liebenswürdig" von Horner haben günstig angesprochen. „Untröstlich" von Eschenbach desgleichen, aber einige vorlaute Tageskritiken entwertheten es. Unsre Tageskritik ist auch im Allgemeinen nicht ganz frei von dem Fehler, den Werth kleiner Compositionen zu unterschätzen.

Obiger Horner — wahrscheinlich ein Kriegsname — scheint mir Recht zu geben. Er ist zuerst mit dem kleinen, ganz anmuthigen „Er ist nicht liebenswürdig" aufgetreten, und als ich's ihm zurückschickte mit der Bemerkung, daß daran noch Einiges geschehen müsse, da erfüllte er dies Verlangen sorgfältig. Schau! rief ich, da ist ja einmal Einer, der auf formelle Ausbildung eingeht, und weil der Inhalt seines klei-

nen Lustspiels eigen und anziehend war, so meinte ich, einige
Hoffnung auf diesen ganz neuen „Horner" setzen zu dürfen.
Und siehe da! während ich dies schreibe, kommt ein fünfac-
tiges Schauspiel von ihm an „Der letzte Warneck", welches
meine Hoffnung weit übertrifft. Die sorgfältige Arbeit seines
einactigen Stückes hat zur vollen Composition eines großen
Stückes geführt.

Leider wird sich wahrscheinlich der Stoff undankbar erweisen im Theater, wenn ein wohlfeiler Erfolg erwartet wird.
Er ist eine von vornherein tief gestörte Ehe — wieder Ehebruch wird man schreien! —, deren traurige Folgen organisch
vor uns ausgebreitet werden.　Der trübe, beängstigende Eindruck dieser Verhältnisse wird vielleicht nicht hinlänglich erleichtert werden durch einige trefflich gezeichnete muntre Figuren, und das Publicum wird des trüben Themas halber die
psychologisch fein geführte Arbeit wohl anerkennen, aber nicht
bereitwillig aufsuchen. Vielleicht! Das Tüchtige gewinnt aber
auch manchmal mit herbem Ausdruck sofort das Publicum.
Unter allen Umständen wird auch die bloße Anerkennung seiner
Arbeit dem gründlich vorgehenden Autor doch gute Früchte
tragen. Zunächst die Frucht der Erfahrung, daß ein Theaterstück dann am Sichersten im Theater gelingt, wenn es das
Publicum nicht blos richtig belastet, sondern wenn es das
Publicum auch richtig und glücklich befreit. Nicht umsonst heißt
die Dichtung eine „schöne Kunst".

Von den fremdländischen hat Scribes „Mein Stern",
ein reichhaltiger und dabei allerliebst komischer Act, den Vogel

abgeschossen, und das ebenfalls französische Stückchen „Eine
Henne und ihre Küchlein" ist ihm am Nächsten gekommen.
Ein älteres französisches Lustspiel von größerer Ausdehnung
„Herr Perrichon" erwies sich auch empfehlenswerth, und ein
polnisches Lustspiel in einem langen Acte „Die einzige Toch=
ter" vom Grafen Fredro gewann einen sehr heitern Erfolg.
Die Nationalitäten der Autoren mögen noch so verschieden
sein, in Erweckung fröhlichen Lachens sind sie sich alle gleich,
und sind uns alle willkommen für unsre Bühne. Das kann
man freilich vom Ernsthaften, oder gar vom Tragischen nicht
sagen. Da tritt das verschiedenartige Gemüth trennend zu
Tage.

In bemerkenswerthem Grade zeigt dies „Diane de Lys"
des jüngeren Dumas, welche wir aufführten. Die Gräfin
Diane, von ihrem Gatten völlig vernachlässigt, lernt einen
jungen Maler kennen, dessen reines künstlerisches Wesen sie
anzieht. Sie verkehrt mit dem Maler in rein freundschaft=
licher Weise, und es begiebt sich nichts Arges in diesem Ver=
kehr. Daneben entwickelt sich, als der Graf strengen Ein=
spruch erhebt gegen diesen Verkehr, mit voller Klarheit: daß
dies Ehepaar Graf und Gräfin sich nur durch Irrthümer
gegenseitig fremd geblieben ist, und daß sie eigentlich einander
lieben. Wie nahe hätte es also der schönen Kunst gelegen,
diese nur getäuschten Verhältnisse harmonisch auszugleichen.
Das ist aber gar nicht die Absicht des französischen Dichters,
und hierin liegt der Vorwurf, welchen wir den Ehedramen
der modernen Franzosen zu machen haben, nicht darin, daß

sie dies Thema mit Vorliebe erwählen. Dumas meint, er
müsse übertreibend zum Schlusse vorgehn, um pikant zu sein.
Ein harmonischer Ausgleich scheint ihm nicht pikant genug.
Und so wird der in der That unschuldige Maler zum Schlusse
erschossen.

Unser tugendhaftes Bedürfniß könnte also befriedigt sein.
Es wird sogar überboten. Die landläufige Anklage der Unsittlichkeit, welche wir gegen die französischen Stücke erheben,
ist also hier gar nicht angebracht; der artistische Vorwurf aber
ist es.

Die Bearbeitung, welche wir unter dem Titel „Mann
und Frau" aufführten, hat es versucht, in den mittleren Acten
die Ausgleichung vorzubereiten, und den versöhnlichen Schluß
möglich zu machen. Das ist nun wohl in der Ausführung
des letzten Actes nicht ganz gelungen, der Schluß hat etwas
Plötzliches und über's Knie Gebrochenes behalten, aber trotzdem hielt das Stück doch Stand. Es ist in den übrigen
Acten reich an Geist und graziösem Leben, und wirkt sehr
anziehend.

Ich halte solche Bearbeitungen für ein lobenswerthes
Beginnen. Sie suchen die Auswüchse fremdländischer Stücke
zu beseitigen, um die Vorzüge derselben für uns zu gewinnen.
So bereichern sie immerhin unser Repertoire.

16

So war die erste Maiwoche Anno 1873 herangekommen und abgelaufen. Wir suchten in allen Archiven unserer Literatur umher nach möglichen Stücken, wir suchten auch bei den Nachbarvölkern, wir rüsteten uns sogar für ein indisches Stück, wir probirten Tag und Nacht, und waren glücklich, daß so Manches wohlgelang, daß Schwächeres verziehn wurde, daß sich uns ein zahlreiches festes Publicum sammelte, daß es ersichtlich von Tage zu Tage wuchs, und daß unsre Finanzleute zufrieden lächelten.

Es erwies sich demnach, daß die große Stadt Wien ein zweites recitirendes Schauspiel brauchte, und daß dies bestehen konnte ohne Subventionssummen von oben und ohne ein alt hergebrachtes, quasiprivilegirtes Abonnement. Es ging uns so gut, daß wir an Erweiterung unsers Personals und an Erhöhung des äußeren Aufwandes dachten — da ereignete sich etwas Unerwartetes. Am 7. Mai Abends kam ein Directionsrath zu uns auf die Bühne. Er war sonst immer heiter, heute war er sehr ernsthaft. Wir spielten „Nathan

ren Weisen". Schweigsam in der Coulisse stehend hörte der
Herr zu. Der Derwisch trat neben ihn, und fragte, warum
er so ernst drein schaue, und ob er mit der Finanzwirthschaft
Al Hafis unzufrieden sei? — Nicht mit Al Hafis Finanzwirthschaft — antwortete er — bin ich unzufrieden, aber
mit der unseren in Wien. Es hat heute eine sehr schlechte
Börse gegeben, und ich fürchte, sie wird morgen und über-
morgen noch schlechter sein.

Ich kann nicht sagen, daß uns dies einen besonderen
Eindruck gemacht hätte, als es weiter erzählt wurde. Was
kümmerte uns die Börse! Was wußten wir von der Börse!
Wir waren so naiv, gar nicht daran zu denken, daß die
Stiftung unsers Theaters gerade darum so rasch von statten
gegangen war, weil die Börse ringsum Gold ausstreute, daß
unsere Gründer zu gutem Theile aus Leuten bestanden, welche
dies Börsengeld für unsre Stiftung hergegeben, also gerade
unser Theater wohl einen Zusammenhang hatte mit der Börse.

Nichts von alledem fiel uns ein. Und das war natürlich. Später kam es zu Tage, daß auch mancher Sänger
und Schauspieler an der Börse gespielt und jetzt verloren
hatte — vom Stadttheater aber nicht ein Einziger. Wir
hatten zu viel zu thun mit Studiren und Probiren.

Am folgenden Tage, am 8. Mai, wurde allerdings erzählt,
die Aussage unsers Directionsrathes bestätige sich: die Börse
werde immer schlechter. Und am dritten Tage, am 9. Mai,
wurde das Wort laut, das famose, welches seit der Zeit leider
classisch geworden, das Wort „Krach".

Selbst jetzt blieben wir sorglos. Erst als wir einige
Tage darnach ein neues Stück brachten „Ein Mann von
hundert Jahren" sahen wir mit Befremden, daß der Besuch
unsers Theaters große Lücken zeigte, und zwar in den theuer=
sten Plätzen. Bei einer ersten Vorstellung! Da reichten
sonst die Plätze nicht zu, namentlich die theuersten nicht.

Auch die Aufnahme des Stücks entwickelte sich unter ver=
dächtigen Symptomen. Die Kaufmannswelt spielte in dem
Stücke, Wechselzahlungen kamen vor, Banquerotte — und
dabei entstand Unruhe im Hause, höhnische Ausrufungen
tauchten auf. Was ist das? Gilt das blos dem Stücke,
oder ist das mehr? Das Stück machte allerdings kein Glück.
Es war nach einem Pariser Boulevardstücke bearbeitet, nach
einem recht guten mit interessanter Handlung und ganz ohne
unsittliche Bestandtheile. Im Gegentheile! Tugend und
Rechtlichkeit standen im Vorder= und Hintergrunde. Der
Hauptdarsteller freilich, welcher den hundertjährigen Greis zu
spielen hatte, unser Heldenvater, war der vortrefflichen Rolle
nicht vollständig gewachsen, und seine großen Scenen erwiesen
sich nicht so dankbar wie sie sein konnten und sollten. Der
hauptsächlichste Grund des Nichterfolgs ferner war die Gattung
des Stücks. Wir wurden als ein erstes Schauspieltheater an=
gesehn, und demgemäß behandelt. Ein erstes Schauspiel
aber findet selten oder nie Gunst mit einem Stücke, dessen
Handlung mit groben Strichen gezeichnet ist. Von ihm ver=
langt man instinctmäßig feinere Motive.

So erklärten wir uns die ungewöhnlichen Vorgänge bei

dieser ersten Aufführung, und nur nebenher gedachten wir
auch des „Krachs“, in Folge dessen man bei den Worten
„Wechselzahlung“ und „Banquerott“ wohl aufzucken und auf-
schrein möchte.

Das Haus blieb indessen in den folgenden Tagen und
Wochen auffallend schwach besucht; der Unterschied gegen früher
war groß, und ersichtlich fehlte ein großer Theil unsers Stamm-
publicums, welches wir uns bereits erworben.

Auch jetzt blieben wir noch ziemlich arglos. Die Weltausstellung hatte in verstörter Weise begonnen. Vor ihr,
sagten wir, sind viele Wiener ausgewichen, welche ihre Woh-
nungen zum Vermiethen angezeigt haben, und viele Wiener
sind überhaupt, um dem Tumulte auszuweichen, dies Jahr
zeitiger auf's Land gezogen — daher, meinten wir, die Leere
im Theater!

Die Weltausstellung selbst, zu Anfange schwach besucht
von Fremden, täuschte uns auch darin, daß wir sie gar nicht
in Rechnung brachten bei unserm Besuch. Wir sahen erst
später ein, daß fast nur die Fremden jetzt unser Publicum
bildeten, und daß wir gleich nach dem Krach den größten
Theil der Wiener schon verloren hatten.

Unklar über das was mit dem Publicum vorgegangen
arbeiteten wir fort, freuten uns darüber, daß die Ausstellungs-
besucher aus Deutschland ersichtlich unser Stadttheater bevor-
zugten, freuten uns, daß wir in Fräulein Kühle eine sympa-
thische Schauspielerin mit feinem Talent erworben, welche die
Schwäche undeutlichen Vortrags durch eifriges Studium be-

kämpfte, und freuten uns endlich, daß auch einmal ein Stück nach dem Englischen, „Die neue Magdalena" geheißen, vollen Beifall fand. Nach dem Englischen! Welche Seltenheit!

Dies Stück von Collins ist auch mit starken Strichen gezeichnet, und konnte aus diesem Grunde gefährdet sein wie „Ein Mann von hundert Jahren". Sein Inhalt ist folgender:

Ein Proletariermädchen kann mit den besten Vorsätzen und mit der besten Führung nicht aus der verdächtigen Welt seiner Herkunft herauskommen, und entschließt sich, den Namen eines Mädchens anzunehmen, welches im deutsch-französischen Kriege neben ihr erschossen worden ist. Mit diesem entlehnten Namen gelangt sie in gute Verhältnisse, und sie macht sich ihrer würdig durch Bildung und edles Wesen. Da erscheint diejenige, welche für erschossen gegolten, welche aber geheilt worden ist, und verlangt die Stellung, welche ihr Name der Andern geöffnet hat. Sie verlangt ferner, in sehr verletzender Weise, daß diese Andere den Betrug eingestehn, und die Schande auf sich nehmen soll. Magdalene, die Andere, ist bereit zu jeglicher Entsagung, empört sich aber gegen die Zumuthung, Schmach und Schande auf sich zu nehmen, und wir stehen vor der Gefahr, daß sie nun wirklich eine lügnerische Betrügerin werde. Wie sich ihr edles Naturel aus dieser Gefahr befreit durch schmerzhafteste Opferung ihrer selbst, dies erhebt das Stück in der zweiten Hälfte zu einem Seelengemälde, welches auch die höhere Theilnahme des Publicums gewinnt. Die starken Striche zeigen sich hier als

11*

nicht grobe Striche, und als die Liebe eines jungen freisinni-
gen Geistlichen, welcher die Selbstopferung des Mädchens erkennt, schließlich zu einer Vereinigung dieses Paares führt,
da ist ein stürmischer Beifall des Publicums vollkommen ent-
fesselt. — Fräulein Frank spielte die Magdalena mit hin-
reißenden Accenten, und Herr Glitz als junger Geistlicher
blieb nicht hinter ihr zurück.

In England stockt bekanntlich seit langer Zeit die dramatische Schöpfung überaus. Lebensgewohnheiten, späte Haupt-
mahlzeit, arge Verschiedenheit und völliger Unzusammenhang
der Gesellschaftskreise untereinander mögen Ursachen sein, daß
das Theater keine intimeren Beziehungen mehr bietet. Schaustücke sind an die Reihe gekommen statt der Schauspiele, und die
Erfindung der Stoffe wird fast ganz von den Franzosen ent-
lehnt. Charakteristisch ist dabei nur, daß man die entlehnten
Stoffe mit greller Willkühr behandelt und gröblich umwandelt.
— Dagegen blüht und gedeiht in England die Erfindung
auf dem Felde des Romans, und dieser erfindungsreiche Roman
ist bei uns in Deutschland völlig heimisch geworden. Die
wohlfeile Tauchnitz-Ausgabe hat sehr dazu beigetragen. Daß
nun diese reiche Erfindung unsern Theaterstoffen von Nutzen
sein könne ist mir immer deutlicher geworden, je mehr ich
bemerkt habe, daß unsre Frauenwelt darin zu Hause und
davon sehr interessirt ist. Ueber die Maßen werden diese
englischen Romane von unsern Frauen und Mädchen gelesen,
und das war ein Grund für mich, die dramatische Bearbeitung eines englischen Romans auf die Bühne zu bringen.

Collins selbst hat seinen Roman dramatisirt. Auch dies ist eine neufranzösische Manier, welche recht einträglich für den Verfasser, aber von zweifelhaftem Vortheile für die dramatische Kunst sein mag. Das Drama wird da eine bloße Nachgeburt.

Wie Dem auch sei, der Versuch mit dieser dramatisirten „Neuen Magdalena" ist im Wiener Stadttheater recht ermunternd ausgefallen. Unsre sattelfesten Leserinnen englischer Romane kamen alle, alt und jung, die ihnen vertraute Geschichte auf der Bühne anzuschauen, und das ist immerhin ein Vortheil für die Bühne. Sie erweitert ihr Publicum. Der größte Vortheil aber besteht darin, daß reichliche Erfindung neuer Conflicte — und das darf den englischen Romanen nachgerühmt werden — und zwar Conflicte unsrer heutigen Gesellschaftsschwierigkeiten dabei reichlich zum Vorschein kommen, daß also unser Repertoire mannigfaltig wird.

Der junge Geistliche zum Beispiele in dieser „neuen Magdalena" ist eine sehr erquickliche moderne Figur auf unsrer Scene. Tolerant für die äußerlichen Formen und Umrisse des religiösen Glaubens belebt er die ächte Menschenliebe in uns auf's Kräftigste, und in seiner unbefangenen Theilnahme an den unschuldigen Reizen des täglichen Lebens belebt er sie auf das Gesündeste. Die geistliche Ziererei vor weltlichen Dingen fällt uns ein, und fällt durch.

Auf demselben Boden ist während der letzten drei Jahre ein ähnlich gesundes Talent aufgewachsen in Anzengruber, dem Verfasser des „Pfarrers von Kirchfeld", der „Kreuzel-

schreiber", des „Meineidbauers" und des „Gewissenswurms".
Er behandelt katholische Formen und Geistliche unter den
Bauern, wie Collins die feine Erbsünde protestantischen
Pfaffenthums im Bürgerstande erörtert.   Wenn dies weite,
wichtige Thema ohne grobtendenziöse Herausforderung dem
modernen Drama einverleibt werden kann, so gewinnt da=
durch das Theater eine lange unentdeckt gebliebene Quelle
von Anregungen.

„Die neue Magdalena" wurde in den letzten Monaten
der Ausstellung aufgeführt, und da in den letzten Monaten,
September und October, endlich die Zahl der Besucher, und
zwar der deutschen Besucher groß und mächtig wurde, so ist
dies eigenthümlich moderne Stück von zahlreichen Deutschen
aus allen Gegenden gesehen worden, und wird seinen an=
regenden Eindruck weithin gemacht haben.

Kurz vor dem Schlusse der Weltausstellung brachten wir
noch ein neues Stück Paul Lindaus „Diana" mit günstigem
Erfolge.   Die Streitigkeiten in der Familie Rahden sind ori=
ginell, und die Personen und Gegenstände des Streites sind
so interessant abweichend von der hergebrachten Schablone,
daß schon darin ein Verdienst des Stückes anerkannt werden
muß.   Dazu die Erfindung der harmlos komischen Figur des
Allerweltfreundes Kuck, und der lebendige Dialog, was bleibt
da arg zu tadeln übrig?   Und doch hat man es arg ge=
tadelt.   Daß Kuck etwas höher gehalten sein müßte, um zu=
letzt für die enttäuschte Diana zu genügen?   Ja; darin hat
man Recht.   Das ist aber auch Alles, und das kann man

allenfalls übersehn, wenn man übrigens ein ganz eigenthüm-
liches Lustspiel gewinnt.

Unsre deutsche Unart gegenüber literarischer Schöpfung
hat sich da wieder recht breit gemacht, als „Diana" die Runde
machte über die Bühnen! Weil „Maria und Magdalena"
großen Erfolg gehabt, mußte das nächste Stück doppelt streng
ins Gebet genommen werden. Welche Thorheit! Das Theater
ist froh, wenn der schaffende Dichter nach der überaus glücklichen Production eine blos glückliche bringt, welche nicht ganz
so sehr interessirt, aber doch auch interessirt.

Hiermit schloß die Ausstellungsperiode. Sie hatte vier
Monate lang nur die Casse des Opernteaters ungewöhnlich gefüllt. Jedermann wollte das prächtige neue Haus sehen, und
die zahlreichen Ausländer, welche nicht deutsch verstanden,
gingen alle der Musik nach, da diese auch ohne Worte zu
verstehen ist.

Während dieser vier Monate war unser Besuch nur
mäßig. gewesen, und es wurde uns erst später klar, daß
wir ihn doch nur den Fremden zu danken hatten. Im September und October war er sehr groß — nach dem letzten
Fremdentage sank er plötzlich fast auf Null.

Wir sahen uns erstaunt an, wir sahen uns erschrocken
an, als es so fortging. Jetzt erst wurde es offenbar, was
der „Krach" bedeutete. Er bedeutete die Verarmung Wiens.
Für uns wenigstens, und ach, nicht blos für uns.

17

Wenn diese Verarmung Wiens lange dauern sollte, dann konnte unser Stadttheater nicht bestehn. Es war· daraufhin gegründet worden, daß eine wohlhabende Stadt nicht·Raum fand im engen Burgtheater; eine arme Stadt verlor so viel Besucher des recitirenden Schauspiels, daß der Rest kaum zureichte für Anfüllung e i n e s Theaters.

Unsre täglich wiederkehrende Frage lautete also von jetzt an: Wie steht's? Heben sich die Geschäfte? Weicht die Ver= armung? — Die Antwort blieb fortwährend trostlos. Die früher willkommensten Stücke füllten das Haus nicht mehr, und nach neuen Stücken sah sich nur noch ein Häuflein um. Die Cassirer sagten aus: mehr als die Hälfte unsers Publicums ist verschwunden, mehr als die Hälfte! Ein Drittheil dieses verschwundenen Publicums — wir kennen sie ja persönlich! — ist geradezu untergegangen.

Da gelang es uns, in einem Monat, im Februar, mit zwei Neuigkeiten dergestalt Glück zu machen, daß beide Stücke Zug= stücke wurden. Es gab also doch noch Zugstücke? Widerspricht das nicht? Im Gegentheil, es ergab sich dabei die klarste Bestätigung des Verfalls. Der Besuch eines Zugstückes sammelt sich aus allen Theilen des Publicums, auch aus den entferntesten, welche sonst nicht Theaterbesucher sind. Da kommen Gäste, welche nicht wiederkehren. — Aber, wird man einwenden, wenn man von allen Seiten kommt, da wird ja doch das Theater populär und gewinnt auch an Theilnahme und Besuch für andere Stücke! — Das war es eben, was den Verfall bestätigte. Alle Stücke neben den Zugstücken, auch die besten, blieben leer. Der Kern war zerschlagen. Zahlreiche Gönner unsers Theaters versicherten uns achselzuckend: dies Jahr müssen wir uns den Theaterbesuch versagen, die Folgen des Krachs gebieten uns ein solches Opfer.

Gerade in diesem günstigsten Monate Februar mußte ich mir also eingestehn: ein Theater welches keine Subvention genießt, sondern obenein hohe Zinsen zu zahlen hat, ein Theater welches lediglich und ganz und gar auf seine Tageseinnahmen angewiesen ist, unser Stadttheater ist im also betroffenen Wien auf die Todtenliste zu setzen.

Noch am Grabe pflanzt er die Hoffnung auf! sagt der Dichter. Und so hofften auch unter uns noch viele — ich nicht — daß die schwere Zeit der Noth nicht allzu lange dauern, sondern sich erholen werde.

Die beiden Zugstücke hießen: „Die verzauberte Prinzessin", ein Schauspiel, und „Schwere Zeiten", ein Lustspiel.

Die „Verzauberte Prinzessin" ist eine Uebersetzung des französischen Stückes von Octave Feuillet „La belle au bois dormant", welches schon 1865 in Paris gegeben worden ist, und keinen besondern Erfolg gehabt hat. In Deutschland ist es nicht beachtet worden, vielleicht schon darum nicht, weil der letzte Act eine jähe, überstürzte Lösung bringt.

Mir schien es für unser Publicum der Mühe werth. Einmal weil es von Feuillet ist, der unserm Publicum näher steht als irgend ein andrer französischer Dichter. Aus dem Westen Frankreichs gebürtig, wo Abkömmlinge der Kelten und Normannen in gefühlvoller Auffassung der Dinge und Men= schen sich von den hitzigeren Galliern unterscheiden, und einige Verwandtschaft mit uns haben, zeichnet Feuillet zumeist seine Gestalten wärmer und inniger als ein andrer Franzose. Vielleicht eben darum wird er von unsern deutschen Kritikern in Frankreich, welche sich gern ultrafranzösisch geberden, häufig angezweifelt. Alsdann weil ich das Thema des Stücks recht geeignet fand für unser Theater. Für den geistreichen Leser mag es banal sein, für das Theaterpublicum ist es anziehend. Es bringt den Kampf der industriellen modernen Bürgerwelt mit dem verstockten alten Abel in der Bretagne.

Der strebsame junge Bürger liebt das ablige Fräulein oben im altherrlichen Waldschlosse, und sie, die poetische Blanche, welche ihn eigentlich wieder liebt, ist entsetzt über diese Neigung, denn sie widerspricht allen Traditionen und Glaubenssätzen ihres Hauses. — Nun arbeitet aber Niemand in diesem altherrlichen Hause, die Herrschaft wird also ver= schuldet, und die Schuldscheine sind in den Händen des jungen Bürgers. — Er macht sie geltend, die Herrschaft wird sein; das in Illusionen aufgewachsene Fräulein Blanche flüchtet aus der entzauberten Welt zum Kloster, und durch mannigfaltige, ziemlich abenteuerliche Wendungen hindurch kommt das Verhältniß bis zu einer nahezu tragischen Höhe. Ihr Bruder liebt indeß die Schwester des jungen Bürgers, und dadurch werden Uebergänge vermittelt, welche die letzte entscheidende Scene herbeiführen, eine Scene von warmem Pathos. Dies Pathos bricht endlich den Widerstand des in Illusionen verzauberten Fräuleins, und es wird ein Ausgleich gewonnen zwischen den unvereinbar scheinenden Gegensätzen des alten Adels und des modernen Bürgerthums.

Interessante Nebenfiguren bilden interessante Episoden: ein fanatischer alter Bretone, welcher die Religion untergehn sieht in dem Getriebe der Industrie, und eine längst verarmte Seitenlinie des Marquisats, welche mit der Angel fischt, von der jetzigen Welt gar nichts weiß, und komisch liebenswürdig erscheint, tragen wesentlich bei zur Spannung und Befriedigung des Publicums.

Das Lustspiel „Schwere Zeiten“ von Julius Rosen hatte den Vortheil für sich, daß es die Krachverhältnisse selbst in einer Form auf die Bühne brachte, welche keinem Menschen wehthat, wohl aber durch mannigfache heitre Wendungen das Aufathmen erleichterte. Dafür ist man dankbar. Und außerdem spielten die Journalisten eine angenehme Rolle in diesen „schweren Zeiten“. Dafür sind die Berichterstatter auch dankbar. Endlich ist Julius Rosen wirklich recht begabt in Erfindung fröhlicher Situationen. — Das Lustspiel von ihm „Ein

Engel" ist das beste Zeugniß dafür · — und wo er sich um
sorgfältige Motivirung dieser Situationen bemüht, da gehört
er zu unsern wirksamsten Lustspieltalenten.

Diese beiden Stücke füllten bei jeder Wiederholung das
Haus, und wenn wir sie unausgesetzt Wochen und Monate
lang hätten geben können und wollen, so wäre unsre Casse
trotz der Krachfolgen wohl bestellt gewesen.   Denn in der
großen Stadt wächs't ein Zugstück, wenn es einmal ein solches
geworden, in geometrischer Progression.

Warum wollten und konnten wir nicht dergestalt wiederholen?   Es widerspricht dem Sinne, in welchem unser Stadttheater gegründet worden, es widerspricht überhaupt dem
Sinne eines ersten Schauspiels.   Ein erstes Schauspiel soll
eine reiche Auswahl guter Stücke bieten, und kann nicht der
finanziellen Ausbeute einzelner Effectstücke hingegeben werden.
Unsere Gründer, welche ihre Plätze im Stadttheater besitzen,
haben ihr Capital nicht dazu bestimmt, Wochen und Monate
lang dasselbe Stück zu sehn.

Die volle Ausbeutung von Zugstücken also war uns nicht
gestattet, und so mußten wir's geduldig tragen, daß auch die
gelungensten und beifällig aufgenommenen Darstellungen andrer Stücke vor, zwischen und nach diesen Zugstücken nur
halbe Kostenergebnisse hatten.   Die Geldmittel des größeren
Publicums reichten eben nicht mehr zu für den öfteren Besuch des Theaters, und selbst die bemittelt Gebliebenen spar-
ten, weil sie unter der allgemeinen Panik sich zum Darben
verurtheilt fühlten.   Das uns treu bleibende Stammpublicum

aber war durch solche Folgen des Krachs um die Hälfte ver=
mindert, war also für unsre Bedürfnisse zu klein geworden.
So kam's, daß wir nicht wie andre Theater an leeren Häusern
litten, sondern an halb gefüllten.

Gerade vor, zwischen und nach den Zugstücken waren
wir mit Erfolgen gesegnet, wir waren artistisch wesentlich ge=
wachsen. „Feenhände", „Der Sohn des Unverschämten",
„Sakuntala", „Die Wahrheit lügt", „Cato von Eisen", „Co=
riolanus" wurden beifällig aufgenommen, zum Theil durch
großen Beifall ausgezeichnet, sie konnten aber das Haus nicht
mehr füllen, und zwar konnten es die feineren und höheren
„Sakuntala" und „Coriolanus" am Wenigsten.

Den zahlreichsten Besuch fanden noch die Lustspiele „Feen=
hände", „Sohn des Unverschämten" und „Cato von Eisen".
In schwerer Zeit lockt doch immer noch am Stärksten die Aus=
sicht auf heitre Unterhaltung.

„Feenhände", eine der letzten Scribe'schen Arbeiten, fan=
den bekanntlich Widerspruch bei der ersten Aufführung im
théâtre français. Das junge Geschlecht war es müde, von
dem kleinen alten Herrn das Repertoire beherrscht zu sehn,
und es zerrte ihn am Kleide, wo es nur einen Zipfel er=
haschen konnte. Dennoch hat sich das Stück gehalten als eins
der besten Lustspiele.

Der Grundgedanke dieser „Feenhände" war auch für
Frankreich ein Wagstück: die Frauenarbeit auch in die höhe=
ren Stände einzuführen. Eine junge Herzogin wird Putz=

macherin, und ernährt sich durch ihrer Hände Arbeit, weil sie kein herzogliches Vermögen besitzt.

Um diesen Text im Burgtheater zulässig zu machen hatte ich, wie bekannt, die Herzogin degradiren müssen zu einer Dame kleinen Adels, weil die Logen im Burgtheater damals fast nur vom hohen Adel besetzt waren.

In dieser Gestalt ist das Stück überall durchgedrungen, und dauernd verblieben, weil es eine starke, vielleicht über-starke, aber populäre Grundidee graziös zu wenden, und mit Frauencharakteren oder Frauenschwächen reichlich zu umgeben, fröhlich auszustatten weiß.

Für solch ein Frauenlustspiel war das Stadttheater un-gewöhnlich gut gerüstet: es besaß einen blühenden Kranz von jungen Damen. „Feenhände" brauchen für erstes Fach vier junge Damen, und für Nebenrollen drei, wir besaßen sie alle, eine schöner als die andre. Und unsre „Helene" über-raschte nun die Wiener mit dem Titel einer Herzogin, denn die Logen im Stadttheater nahmen das nicht übel, wir bedurf-ten keiner Degradirung.

„Der Sohn des Unverschämten" ist „le fils de Gi-boyer" von Augier. Ich muß wiederholen was ich schon einmal über dies Stück, welches im „Burgtheater" „Der Pe-likan" heißt, gesagt habe, nämlich: Wenn ich mich umsehe in der französischen Komödien-Production der letzten dreißig Jahre, so muß ich immer wieder behaupten, daß der „fils de Giboyer" von Augier das beste Stück ist in der neuen Komödienliteratur der Franzosen. — Es ist gehaltvoll in den

Grundcharakteren, welche es fest und doch nicht schroff durch=
führt, ist interessant in der Entwickelung eines aufstreben=
den und in der Abwickelung eines niedergehenden politischen
Mannes, ist geistvoll und belebend in den Parteivertretern
männlichen und weiblichen Geschlechts, ist erfrischend in dem
Liebespaare, welches vor uns entsteht, und ist sehr komisch in
der Buffofigur des Bürgers Maréchal, welcher mit fremden
Federn Politik treiben will, und endlich eingesteht, daß er
ein Hansnarr sei.

Hätten wir doch viel solcher nichtswürdigen französischen
Immoralitäten, wie sie der patriotische Unverstand allesammt
nennt, indem er Trebern und Kleie und Mehl in einen
Brei zusammenmischt.

Der „fils de Giboyer" hat ein Vorspiel in fünf Acten,
„les effrontés", die Unverschämten genannt.   Auch dies ist
ein gutes Stück Augiers, welches wir vorher zu geben pfleg=
ten.   Die classische Figur des Giboyer, des geistvollen aber
gesinnungslosen Journalisten, und die pikante Figur des legi=
timistischen Marquis voll geistreicher Malice werden hier ein=
geführt, um im „fils de Giboyer" ausgeführt zu werden.
Der politische Schwindler Vernouillet sorgt für die dreisten
Einschnitte des Vorgangs.

Unsre Besetzung deckte hinreichend die Hauptgestalten in
beiden Stücken: Lobe Giboyer, Friedmann Marquis, Grève
Vernouillet, Reusche Maréchal, Frau Schönfeld Madame
Maréchal, Fräulein Kühle ihre Tochter, Glitz Giboyers

Sohn, und unser verkleinertes Stammpublicum war von leb=
hafter Dankbarkeit für diese beiden Vorstellungen.

Theatererfolge sind gar oft Schlachten, von denen man
am Abende noch nicht zu sagen weiß, ob sie Siege oder Nieder=
lagen. Wie es den „Feenhänden" erging, so erlitt der „Fils
de Giboyer" bei der ersten Aufführung in Paris heftige An=
fechtung. Da sollte dieser und jener politische Mann, nament=
lich Guizot, bloßgestellt, da sollte diese und jene Schilderung
lebender Dinge nicht erlaubt sein. So geht es immer wenn
ächtes Leben auf der Bühne erscheint. Da schreit die Mit=
telmäßigkeit nach der artistischen Polizei. Nach einiger Zeit
sind die Frevel Vergangenheit geworden, und man findet sie
von schlagender Kraft.

Wie man solche Stücke entbehren und doch auf volles
Repertoire Anspruch machen kann, begreife ich nicht. —

Nun gingen wir denn auch an den kühnen Versuch, ein
indisches Drama auf unsre Bühne zu bringen, die „Sakun=
tala" von Kalidasa. Freiherr von Wolzogen hat es für die
deutsche Bühne bearbeitet, und es war die Frage, ob diese
einfachen Vorgänge eines getrennten Liebespaares unter Lebens=
verhältnissen, welche uns wildfremd sind, anziehend genug
sein würden nach den pikanten, mannigfachen Motiven und
raffinirten Reizen einer französischen Komödie. Wird der
verwöhnte Gaumen noch Empfänglichkeit besitzen für diese
einfache Speise?

Ich glaube nicht an die Verwöhnung in diesem Sinne.
Wahr nur muß das Eine sein wie das Andere, das mannig=

faltige Culturbild wie das einfache Lebensbild, wahr, und künstlerisch kräftig. Wahre Kunst wirkt unter allen Umständen.

Ich traute dieser „Sakuntala" zu, daß ächte künstlerische Kraft von ihr ausgehn werde, und zur Ueberraschung meiner Umgebung sorgte ich für reichliche Ausstattung. In diesem Betracht stehe ich in dem Rufe arger Enthaltsamkeit, und ich verdiene diesen schlechten Ruf.

Ich muß deshalb dies Thema von der Ausstattung, welches bei der „Jungfrau von Orleans" schon besprochen worden ist, hier nochmals aufnehmen. Ja, ich bin ein erklärter Feind der sogenannten Tapezier=Dramaturgie, welche den Schwerpunkt des Schauspiels ins Schauen verlegt. Der Titel „Schauspiel", aus erster, naiver Theaterzeit stammend, mag sie immerhin dazu berechtigen. Ich lege den Schwerpunkt ins Hören. Die Aufmerksamkeit des Publicums geflissentlich auf die Aeußerlichkeit der Scene lenken heißt für mich die Innerlichkeit der Dichtung gefährden. Das Publicum ist bei dieser Frage ein Haufe, welcher als solcher der leichten Verführung leicht unterliegt, und dem Aeußerlichen bald einen zu großen Werth beilegt, sich also auch durch das Aeußerliche zerstreuen und von dem Inhalte des Gedichtes abwenden läßt. So wird das Theater allmählig eine Schaubude, nur auf den Haufen angewiesen, und des sinnigen Publicums verlustig.

Die Ausstattung knapp, die Ausführung reich! das ist allerdings mein Motto. Dies schließt aber nicht aus, daß die äußerlichen Dinge entsprechend sind dem Charakter

und der Situation des Stückes. Zupassend sollen sie sein,
nur nicht vorherrschend. Dies schließt nicht aus, daß für
manche poetische Absicht des Dichters eine ungewöhnliche Zuthat äußerlicher Scenirung wohlthätig, ja nothwendig ist, dies
schließt nicht aus, daß die fremdartige Erscheinungswelt eines
indischen Dramas einen charakteristischen Aufwand von Scenerie
erhalte.

Ich ließ also trotz der schweren Zeit Decorationen malen
für „Sakuntala", und sorgte für Costüme und Requisiten und
blendenden Sonnen-, zauberischen Mondenschein, für Blumen
und andere schimmernde Dinge. Die fremde Welt brauchte
ja ihre eigene Sprache in der äußerlichen Erscheinung.

Mit geschärfter Aufmerksamkeit betrieb ich sodann die
Herausarbeitung der dichterischen Eigenthümlichkeiten. Die
mährchenhafte Einfachheit braucht ja andre Accente im Vortrage als der leidenschaftliche Sinn eines Ritterdramas, als
die geistvolle Betonung eines modernen Stücks.

Nicht ohne Zweifel wandelten die Schauspieler durch
diese Proben. Solche Keuschheit dünkte ihnen wohl Aermlich-
keit, und sie waren überrascht, als des Abends all das eine
Mondscheinstimmung über den Saal verbreitete, und zunächst
in großer Stille, nach den Actschlüssen aber in einstimmigem
Beifall seine Anerkennung fand.

„Sakuntala" machte einen überaus poetischen Eindruck, und
erntete allgemeines Lob. Die weiblichen Rollen wirkten mächtig. Sakuntala, Fräulein Frank, durch Innigkeit, die Pflege-
mutter, Fräulein Charles, durch Kraft des edlen Widerspruchs.

Auch der Fürst Duschjanta, welcher nur einfache Empfindungen zu vertreten hat, entsprach dem Wesen des Herrn
Salomon.

In dem schwachen Besuche des Hauses brachte der schöne
Erfolg keinen Unterschied hervor, obwohl die ganze große
Stadt davon sprach. „Sakuntala" hat es nie über ein halbes
Haus gebracht, obwohl die Zeitungen sämmtlich die Vorstellung
empfahlen. Die Krachverhältnisse gaben eben die Mittel
nicht her.

Auch die geschickte Bearbeitung Wolzogens fand nicht die
Anerkennung, welche sie verdiente. Im Grunde ist es doch
fast eine Neuschaffung, wenn man die fremdartigen Mate-
rialien zu einem heutigen Schauspiele zusammenstellen soll.

Die Bereicherung unsers Repertoires findet von jeher
keine Beachtung, noch weniger einen Dank bei der deutschen
Kritik. Diese Kritik verlangt alles Höchste vom Theater, versagt oder verleidet ihm aber die Nahrung.

Bei solchen Bearbeitungen fremder Stoffe ist die erste
Sorge unsers Kritikers dahin gerichtet, daß er seine Kennt-
niß des Materials an den Tag lege, und daß er mit Ge-
ringschätzung nachweise, was Alles der Bearbeiter am alten
Stoffe vernachlässigt und verdorben habe. Unbekümmert da-
rum, was für ein Monstrum entstanden wäre, wenn all das
Vermißte benützt worden wäre. Die übertreibend literarische
Besprechung eines Theaterstücks war stets in Deutschland zu
Hause, und hat dem Theater zahlreiche Stücke zerschlagen.
Es könnte ja der literarischen Gewissenhaftigkeit Rechnung

12*

getragen werden, ohne daß der Maßstab für die Bühne zu-
geschüttet würde.

Noch schwächer war der Besuch für „Coriolanus", ob-
gleich alle Stimmen, die schriftlichen wie die mündlichen, des
Lobes voll waren über die Aufführung. Die Krachverhältnisse
gaben es eben nicht her. Am Wenigsten für solch ein Römer-
stück. Umsonst spielten Herr Salomon den Coriolan, Fräulein Charles die Volumnia, Herr Arnau den Menenius mit
überraschender Correktheit und Kraft, und begleitet von rau-
schendem Applause — das Haus war bei der Wiederholung
noch leerer. Das noch größere Haus in Leipzig war vor drei
Jahren in einer Sommerwoche, in einer S o m m e r woche viermal
voll geworden bei einer schwächeren Darstellung des „Coriolanus", und wie klein ist Leipzig neben Wien! — es wurde immer
klarer: wir siegten uns zu Tode in solcher geldlosen Zeit.

Ein neues Lustspiel und ein neues Trauerspiel von
Adolf Wilbrandt fielen ebenso in die Leere.

Das Lustspiel „Die Wahrheit lügt" ist ein wenig schwer
in Contrasten zusammengestellt. Der Liebhaber, welcher gleich
einem Schauspielhamlet überall die Wahrheit falsch wirken
sieht, ist vielleicht zu interessant angelegt für die Personen
und für die Handlung, welche ihn umgeben. Denn diese
nahezu possenhafte Handlung ist wohl etwas zu grell für die
Gedanken, welche er hegt. Ein bornirter Landrichter nämlich
sieht überall Verbrecher, und läßt Kind und Kegel verhaften.
Aber die Dialektik dieses stockernsthaften Liebhabers ist doch
sehr sinnreich, und die Handlung um ihn her ist doch sehr lustig.

Das Stück erzielte die beabsichtigte heitere Wirkung, und erreicht auch in der Hauptsache einen höheren Lustspielcharakter dadurch, daß der Hamletliebhaber einen Galgenhumor findet, und am Ende selbst mit der lügenden Wahrheit spielt.

Ein junger Schauspieler aus Sachsen, Herr Zocher, brachte die Rolle eines komischen Sachsen zu unwiderstehlicher Macht, und wenn der Landrichter Stich gehalten hätte in seiner drastischen Anlage der Rolle, so hätte das Stück wohl auch in so ärmlicher Zeit eine breitere Anziehungskraft ausgeübt. Es fehlte aber diesem Landrichter-Reusche sehr bald an der prompten Schlagfertigkeit des Wortes, welche im Ensemble eines Lustspiels so unentbehrlich ist wie der Blitz beim Gewitter, wenn das Gewitter wirklich einschlagen soll.

Das Trauerspiel „Giordano Bruno" desselben Verfassers war übler am Orte, eben weil es ein Trauerspiel war. Wien war ohnedies eine Trauerstätte, und die Bewohner hatten nicht die Ruhe und die Stimmung, sich einer Tragik hinzugeben, welche fein entwickelt wird. Verstörte Menschen mögen eher von groben Effecten gepackt werden als von feiner Zeichnung tragischer Charaktere und Vorgänge. Weil die Reformationsidee Giordano Brunos in dieser Tragödie weniger betont ist als das menschliche Schicksal des Helden, vermißte die Kritik den erwarteten, und, wie sie meinte, nothwendigen Mittelpunkt, und sie regte deshalb das große Publicum nicht sonderlich an, dem Trauerspiele auch in trauriger Zeit volle Theilnahme zuzuwenden. Nur die Elite des Publicums kam, und spendete Beifall.

Aber weder ein Theaterstück noch ein Theater saugt hin-
reichende Lebenskraft aus den Beifallsspenden der Elite.
Beide brauchen einen größeren Kreis der Theilnahme. Und
so neigte sich unsre zweite Saison dem Ende zu, ohne daß
wir Aussicht gewannen auf ein wiederkehrendes volles Theaterleben, wie wir's in der ersten Saison genossen hatten.

Gute Erfolge gewannen wir indessen noch zahlreich, ehe
die Sommersonne heraufstieg. Besonders dadurch, daß Herr
Robert endlich eine dreivierteljährige Krankheit überstanden,
und in ihr eine heilsame Sammlung gefunden hatte. Seiner
mancherlei Manierirtheiten ledig trat er gleichsam geläutert
wieder auf, und machte bedeutende Stücke wieder möglich,
welche seinetwegen hatten ruhn müssen. Verhältnißmäßig
wuchs dabei auch der Antheil des Publicums, soweit es die
drückende Verarmung überhaupt zuließ, und „Egmont" konnte
zum ersten Male in der Schillerschen Bearbeitung den Wienern vorgeführt, Ponsards „Verliebter Löwe", von Dr. August
Förster in Jamben gut übersetzt, konnte zum ersten Male gegeben, der „Statthalter von Bengalen" im Stadttheater eingebürgert werden.

Dieser „lion amoureux" von Ponsard übte einige Anziehungskraft durch den Schauplatz, welchen er bietet, die
französische Revolution zur Zeit des Directoriums. Wir haben
sonst noch kein Stück auf unserm Repertoire, welches in der
so merkwürdigen und wichtigen Zeit der französischen Revolution spielte. Vielleicht weil sie noch zu nahe liegt? Ich
sollte nicht meinen, daß dies der Grund ist, denn wir sind

in diesem Punkte ziemlich unbefangen geworden. Allerdings ist es insofern ein Grund, als der Dichter nicht so frei gebahren kann für seine dichterischen Zwecke mit Menschen und Dingen, weil alle Einzelnheiten von den Menschen und Dingen in noch gar zu heller Bekanntschaft vor uns liegen. Der Hauptgrund ist aber wohl, daß die bisherigen Versuche unsrer Dramatiker sich an falsche Adressen französischer Revolutionsmänner gewendet, an Helden, welche dramatisch unergiebig sind. Robespierre und immer Robespierre ist behandelt worden. Gerade er aber ist kein dankbarer dramatischer Held. Ein Held ohne Leidenschaft ist für den Dichter ein undankbarer Held. Welche Leidenschaft könnte man denn einem Robespierre andichten? Höchstens eine Leidenschaft der Doctrin, und diese hat kein Herz. Wie kann eine Leidenschaft ohne Herz hinreißen? Wie kann man einem doctrinären Helden die Grausamkeit vergeben? Danton wäre ein besserer Held und Mirabeau. Beide besitzen ein starkes Naturel, und sind nicht absolut tugendhaft. Absolute Tugend ist für die Schule empfehlenswerth, nicht für's Theater. Auf dem Theater wie in der Kunst überhaupt muß der Held vor allem Uebrigen ein Mensch sein, ein Mensch mit Fehlern, nicht aber ein Lehrsatz.

Das Alles hat Ponsard gewußt, und hat eine geschichtliche Nebenperson der Revolutionszeit zu seiner Hauptperson gemacht, den Deputirten Humbert, welcher in Liebe entbrennt für eine Aristokratin. So kommen Gegensätze zur Sprache und zur Handlung. Historische Hauptpersonen wie Bonaparte und Barras gehen nur rasch vorüber, und selbst Gene-

ral Hoche, der ein wenig in die Handlung eingreift, ist nur
episodisch behandelt. Die Demokraten und Aristokraten aber
werden als solche in die Handlung aufgenommen, und ver-
flechten und schildern sich vollständig, so daß die ganze Zeit-
epoche hinreichend dargestellt erscheint.

Dies geschieht wohl auch ziemlich doctrinär in diesem
Stücke, und das absolute Leben pulsirt darin kaum stark genug. Aber es waltet doch auch eine respectable Doctrin der
Kunst darin, und wo sie waltet, da ist ein Stück immer bis
auf einen gewissen Grad geborgen.

So erging es auch mit dem „Verliebten Löwen". Er
überwältigte Niemand, aber Jedermann betrachtete ihn nicht
ohne Wohlgefallen.

18

Nun wehte draußen die erste laue Luft, und mit ihr müssen im Theater die Novitäten aufhören. Denn mit den ersten Zeichen des Sommers entvölkert sich Wien, und in dem verkrachten Wien verwandelte sich das geringe Publicum in gar kein Publicum.

Nirgends vielleicht ist es dergestalt Sitte wie in Wien: beim ersten warmen Windhauche auf's Land zu ziehn, und dort zu bleiben bis zum ersten kalten Herbstregen, käme dieser auch erst im tiefen October.

Auch der Fremdenbesuch zeigt in Wien dieselbe Neigung: die Berge des Wiener Waldes winken bis auf die Ringstraße herein, und der Fremde will nicht blos Wien, er will die Landschaft sehn. Außerdem hat Wien trotz seiner zahlreichen Reize weniger Fremde als manche untergeordnete mitteldeutsche Stadt, Dresden und München gar nicht eingerechnet. Wien liegt arg seitwärts nahe der ungarischen Grenze, und es kreuzen sich da nicht die Wege für Passanten wie inmitten eines Reichs. Man kommt nur nach Wien, wenn man eben gerade Wien besuchen will, man kommt nicht nebenher nach

Wien. Und nun waren im letzten Sommer Tausende nach Wien gekommen zur Weltausstellung, es blieben nicht Viele übrig draußen, welche Wien noch nicht gesehn hatten.

Ist das Alles nicht recht heiter für die Wiener Theater? Dies Alles hat sich obenein von Jahr zu Jahr gesteigert. Kein Mensch will mehr während des Sommers in der Stadt bleiben, und wer durchaus bleiben muß, der will wenigstens des Abends aus der wirklich sehr heißen Stadt über die Linien, die Barrièren hinaus in frische Luft. Die Theater spielen aber des Abends. Sie mögen spielen was sie wollen! — Diese immer größere Ausdehnung der Sommerfeindschaft gegen die Theater wird eine steigende Gefahr für die Theater in Wien, welche vier Monate aus ihren Einnahme-Budget streichen müssen.

Der Hinweis auf Paris beweis't das Gegentheil dessen, was er beweisen soll. Der Pariser strömt nicht dermaßen auf's Land, Paris hat im Sommer ein sehr großes Fremden-contingent, und der Fremde läßt sich nicht durch die Land-schaft hinauslocken, sobald er in einer Tagestour St. Cloud, Meudon und Versailles gesehn. Berlins schöne Landschaft brauch' ich wohl nicht zu erwähnen; Wien bleibt eben allein in diesem Punkte.

Uebrigens sei für diese ewige Besuchsfrage des Stadt-theaters doch auch bemerkt, daß unter dem Krach nicht etwa blos das Stadttheater gelitten. Alle Theater erfuhren seine Wucht. Die Hoftheater voran. Das große Operntheater ärger als irgend eins, dergestalt, daß seine großen Ueberschüsse aus der Weltausstellungszeit schon im Herbste 1874 nicht nur verzehrt, sondern bereits in ein großes Deficit verwandelt waren. Aber den Hoftheatern stehen immer außerordentliche Hilfsgelder zu Gebote, und die Vorstadttheater können sich retten durch ununterbrochene Wiederholungen der Stücke, welche gefallen, auch wenn sie nur scheinbar gefallen haben. Täglich derselbe Theaterzettel verbreitet bis in die entlegensten Kreise den Wunsch: das mußt Du doch auch einmal sehn!

Von alle Dem stand uns nichts zur Verfügung, weder Geldhilfe noch stete Wiederholung desselben Stückes. Wir standen schutzlos vor solchem Sommer mit all den Kracherfahrungen, welche über uns hereingebrochen waren. Was lehrten sie? Wozu nöthigten sie?

Dies setzte ich der Generalversammlung unsrer Gründer, welche im Frühjahre stattfand, des Breiteren auseinander. Wir galten artistisch für wohlbestellt, das Ensemble des Personals war ziemlich vollständig, wir hatten auch schon ein werthvolles Stammpublicum, und unsre Casse war zwar geschwächt, doch nicht abgebrannt. Unser Besuch war verhältnißmäßig immer noch stärker als in einigen andern Theatern. Aber unsre Ueberschüsse der ersten acht Monate waren verbraucht, theils weil sie für nachträgliche Baukosten verwendet worden waren, theils weil die Einnahmen kaum noch die erforderliche Höhe erreicht hatten. Und nun stand ein leerer Sommer bevor.

Ich setzte auseinander, daß Alles davon abhinge, ob die

schwere Zeit der Verarmung in Wien eine Grenze absehen
lasse oder nicht. Sie dauerte nahezu ein Jahr. Wenn eine
Erholung einträte, dann sei das Stadttheater finanziell noch
nicht gefährdet. Nur der Sommer müßte überstanden, und
dazu müßte eine Deckung verschafft werden. Wenn nur einige
Erholung des allgemeinen Wohlstands bis zum Herbste über
Wien komme, dann könnte das Stadttheater immer noch herzhaft im nächsten Herbste die Saison beginnen und mit leidlicher Finanzkraft durchführen. Am Schlusse der nächsten
Saison erst werde sich's unzweifelhaft herausstellen, ob sich
wieder ein größeres Publicum durch wiederkehrenden Wohlstand herangesammelt, und ob also das Stadttheater im bisherigen Charakter als ein erstes Schauspieltheater fortzuführen
sei. Um Letzteres zu ermöglichen sei es nicht gerade erforder-
lich, daß die Einnahmen wieder die Höhe der ersten acht
Monate erreichten; es genüge auch ein etwas schwächerer Besuch als der vor Eintritt des Krachs.

Träte aber, setzte ich nachdrücklich hinzu, auch dann noch
keine wesentliche Erholung ein in dem erschütterten Vermögens-
stande Wiens, dann seien zwei gleichartige Schauspielbühnen
wie Burg- und Stadttheater zu viel für die verarmte Stadt,
denn eine gedrückte Bevölkerung suche immer zunächst leichte
Unterhaltung, dann müßte das Stadttheater seinen ernsteren
Charakter aufgeben und müßte ein leichteres, wohlfeileres
Genre erwählen, und dann sei ich nicht mehr der richtige
Mann für die Leitung desselben.

Die Generalversammlung stimmte dem Allen bei, und

bewilligte für den leeren Sommer ein Anlehn, welches die Hypothekenkraft des Hauses noch ganz wohl vertrug.

So segelten wir denn weiter mit schwachem Winde, all unsre Aufmerksamkeit auf unsre künstlerische Ausbildung richtend, und nebenher ängstlich auf die Symptome schauend, welche an der Börse, an Handel und Gewerbe, an den Früchten des Feldes, kurz an alle Dem zu entdecken waren, was ein Steigen oder Fallen des allgemeinen Wohlstandes bedeutet. Neben der dramatischen Kunst war Nationalökonomie, sonst dem Schauspieler ziemlich fremd, unser tägliches Studium.

Die letzte Novität vor dem Sommer war im Stadttheater das Lustspiel von Moser „Ultimo" gewesen. Es giebt keine Stadt, es giebt kein Städtchen Deutschlands, in welchen dies Lustspiel nicht vollständiges Glück gemacht hätte. Bei uns machte es nur ein halbes Glück. Ist dies ein Zeichen, daß wir den strengsten Anforderungen Rede zu stehen hatten?

Immer bildet man sich ein, diesen ersten Eindruck ausbessern zu können, und doch gelingt das selten oder nie.

Das Stück spielt in zwei Familien, und wenn im dritten Acte die lustigen Details in der zweiten Familie an die Reihe kommen, da meint das Publicum, eine zweite Exposition vor sich zu haben, und läßt die Flügel hängen. Hier liegt die Schwäche des Stücks: es ist in den ersten zwei Acten nicht vorgesorgt für das Interesse des dritten, in welchem der Professor entwickelt werden soll. Er hat gewettet, ebenso gut

wie der Kaufmann an der Börse spielen zu können, und weil
diese Entwickelung wirkungslos ist, und deshalb herausge-
strichen werden muß, fehlt dem Stücke eine Hälfte und es
muß auf einem Beine bis zum Ende tanzen.

Das thut es geschickt, aber in einer komischen Haupt-
scene läßt es sich zu Wiederholungen verleiten, und verur-
sacht sich dadurch eine zweite Schwäche. Es ist dies die sehr
hübsche Scene mit den Zündhölzchen, deren Anzünden ein
Prüfstein werden soll für Liebesgefühle. Einmal vorkommend,
und zwar bei den jungen Leuten, wäre die Scene von vortrefflicher Wirkung. Moser läßt sie aber einmal ankündigen
und zweimal ausführen. Mit den alten und mit den jungen,
und obenein mit den jungen, welche uns am Meisten interessiren, zuletzt.

Solche Wiederholungen, in der Musik immer wirksam,
ja sogar nöthig, sind im Schauspiele gefährlich, wenn sie nicht
eine erwartete Steigerung der Situation mit sich bringen.

Ich sah schon auf der Probe die Gefahr, und wollte
streichen. Aber der Autor war nicht da, und der Eingriff in
sein Recht schien mir zu tief. Nach der ersten Aufführung
wird der Dramaturg dreister, er hat die Erfahrung für sich,
auf die er sich berufen kann. Ich strich also wenigstens im
dritten Acte, und zwar resolut die ganze Hälfte für den folgenden Abend, und probirte die Aenderung am nächsten Morgen. An Moser hatte ich telegraphirt, daß er den Strich gestatten möge. Es kam keine Antwort, und der Abend war
da. Der erste Act war vorüber, und es kam keine Antwort.

Darfst Du es wagen? fragte ich mich, und ging auf die Bühne, den Mitgliedern anzeigend und dem Souffleur, daß sie am Ende doch den dritten Act ganz spielen müßten wie am ersten Abend — da kam das Telegramm aus Berlin, und es lautete: Habe gestern Abend hier auch der ersten Aufführung beigewohnt, und geradeso gestrichen.

Gustav von Moser ist, wie der Kaufmann sagt, ungemein coulant für allenfallsige Aenderungen in seinen Stücken. Er ist sehr fruchtbaren Lustspielgeistes, und raschesten Wendungen zugänglich. Er hat mir einmal auf einem kurzen Spazier= gange in Karlsbad drei Lustspiele hintereinander skizzirt, alle drei hübsch, eines geistvoll. Wären wir nicht gestört worden durch hinzutretende Gesellschaft, er hätte mir noch einige mit= getheilt, die er in petto hatte. Er ist ein ausgesprochenes Lustspieltalent. Und auch sein Charakter paßt trefflich zur Lustspielrichtung: er ist freundlich, höflich, wohlwollend, empfäng= lich für jeden Eindruck, für jede Anregung.

Ich hatte eben ein französisches Stück unbesehen ange= kauft, und als ich es nun besah, war es für uns nicht zu brauchen. Das gehört in Wien zum Kreuz für den Schau= spieldirector. Vier Bühnen müssen einander den Rang ab= laufen in Erwerbung von Novitäten, und einige davon, — ich hab' es schon einmal erwähnt — kaufen die Katz im Sacke. Durch Empfehlung verführt hatte ich's denn auch einmal ge= than, und war, wie der Jargon sagt, hineingefallen. Das erzählte ich Moser unter Anführung meiner Gedanken, wie der ganz artige Stoff durch Umarbeitung vielleicht zu retten

wäre. „Das leiste ich", rief er. „geben Sie mir's! Nichts
lockt mich mehr, und in Nichts bin ich geschickter als in solcher Umschaffung."

Ich gab es ihm mit Freuden — erhielt aber nach einigen
Wochen leider mein lahmes Roß mit der Bemerkung zurück:
da wisse auch er nicht zu curiren. —

Bei aller Beweglichkeit und Gewandtheit in der Erfindung ist Moser doch gar nicht leichtfertig, sondern genau und
sorgsam. Er war früher preußischer Gardeofficier, und lebt
jetzt als Landwirth auf einem Gute in Schlesien, hart an
der Lausitzer Grenze. Das nahe Görlitz mit einem fleißigen
Theater benützt er immer zu Probeaufführungen seiner neuen
Arbeiten. Ein sehr gedeihlicher Vorgang. Er sieht da, wie
sich seine Erfindungen ausnehmen, und kann ändern, ehe sie
vor ein großes Publicum kommen. Das kleine Görlitzer verhält sich zu ihm wie eine Familie, und die Görlitzer Presse
macht keinen Spectakel, wenn Aenderungen nöthig sind.

Noch ein ganz junges Talent war kurz vor Thorschluß
der Saison im Stadttheater aufgetreten mit einem dreiactigen
Lustspiele „Der Frauenadvocat", und hatte einstimmigen Bei-
fall geerntet für die Erstlingsgeburt. Sie hatte bis auf die
Höhe der Entwickelung interessirt, und durch einen geistreichen
Dialog lebhaft angesprochen.

Letzteres war bemerkenswerth, da der pseudonyme Verfasser Hugo Bürger ein Norddeutscher war, von welchem der
Wiener selten den Dialog pikant genug findet. Die Lösung
im letzten Acte war schwächer, das Publicum nahm aber auch

diese wohlwollend und beifällig auf. Wir meinten ein hübsches
Lustspiel erworben, und ein neues Talent glücklich eingeführt
zu haben.

Wie erstaunt waren wir, als wir am folgenden Tage
durch die Berichterstatter in der Presse erfuhren, daß wir
uns gänzlich geirrt, wir und das Publicum. Die meisten
Berichterstatter schlugen Stück und Erfolg kurz und klein. Den
Erfolg mit, indem sie ihn unerwähnt ließen.

Der Autor war nach Wien gekommen, und hatte der
ersten Aufführung beigewohnt. Nie hab' ich einen jungen
Mann gesehn von dieser Verblüffung und Verstörung wie ihn
nach diesem Geschick. Bescheiden ganz und gar rief er einmal um das andre: Ja, hab ich gestern geträumt?! Und —
setzte er hinzu, indem er auf arg geringschätzige Aeußerungen
in einzelnen Kritiken hinwies — hab ich das verdient und ver-
schuldet? — Ja, junger Freund, so lebt nun Deine Sappho!
mußte ich ihm tröstlich erwidern.

Wir gaben das Stück vor leerem Hause weiter, und der
Applaus blieb ihm treu wie am ersten Abende. Den hatte
die grausame Kritik nicht geändert, nur den Besuch hatte sie
zerstört. Ganz wie es bei „Conrad Vorlauf" sich ereignet
hatte.

———

19

Unsre innere künstlerische Lage war fester als unsre na-
tionalökonomische, und konnte beinahe befriedigend genannt
werden. Es fehlte uns allerdings noch Einiges, namentlich
ein anerkannter Salonliebhaber, aber im Ganzen war es
gelungen, binnen anderthalb Jahren aus dem Nichts ein
wohlgegliedertes Personal zu schaffen, alle Fächer ziemlich gut,
ja einige vollständig auszufüllen, und mit den gewonnenen wie erzogenen Kräften eine regelmäßige, kräftige Thätigkeit auszuüben.

In den älteren Fächern waren die Herren Lobe, Arnau,
Reusche, die Damen Schönfeld, Boissier dem Publicum willkommen, Herr Otter und Fräulein Charles durch stattliche
äußere Mittel empfohlen, Frau Wagner oft in komischer Charakteristik gern gesehn.

In den jüngeren Fächern waren die Herren Robert, Friedmann, Tewele als erste Kräfte, Herr Salomon als stattlich
ausgerüsteter Held, Herr Glitz als geübter, gut vortragender
Anstandsliebhaber, Herr Thrott als komischer Charakteristiker
anerkannt. Eine Reihe tüchtiger Schauspieler, namentlich die

Herren Grève, Vaillant, Heinrich standen ihnen kräftig zur Seite.

Die jungen Damen Frank, Kühle, Schratt waren ein reizendes Triefoltum von schönen und talentvollen Liebhaberinnen in Tragödie, Schauspiel und Lustspiel, und Fräulein Wiehler wirkte in Anstandsrollen trotz geringen Organs durch glänzende Erscheinung und Sicherheit im Ensemble. Die Fräuleins Schäffel, Scholz und Valberg füllten die zweiten Rollen mannigfaltiger Art in anständigster Weise aus.

Ich kann nicht alle nennen, welche sich um's Ensemble verdient gemacht, aber ich kann versichern, daß es ein wohlgeordnetes, lebensvolles Ensemble war.

Am Schwierigsten hatte sich Herr Lobe eingeordnet. Ich hatte ihn von vornherein zu meinem Hauptregisseur und gelegentlichen Stellvertreter ausersehn. Er war ein erprobter Schauspieler im komischen Fache, war selbst lange Director gewesen, und wollte im Stadttheater sich ein Fach bilden von ernsten Charakterrollen. Denn außer Mephisto besaß er noch keine der ersten Charakterrollen, für welche er sich in seinem Contracte bezeichnet hatte. — Das gelang denn nicht so glatt, wie wir gehofft hatten. Der Regiedienst war ihm lästig, und endigte sofort, und für die großen Charakterrollen ergab sich bald die Nothwendigkeit einer vorsichtigen Auswahl. Es fehlte ihm die Figur zu irgendwelcher Repräsentation, und die gespreizte Haltung des Unterkörpers war dafür geradezu störend. Es fehlte ferner höherer Seelenschwung im Tragischen, geistige Ueberlegenheit im Bedeutenden, und tiefere Wärme im Ge=

13*

fühlsleben. Deshalb konnte ich ihm nicht alle ersten Auf=
gaben anvertraun, und drängte ihn mehr ins Schauspiel
und Lustspiel, da ich ihn im Lustspiel besonders vortrefflich
fand. — Er gehört aber wohl im Privatcharakter zu denen,
welche sich eigensinnig isoliren, und zu eignem Schaden
überall auf dem Punkte über dem i bestehn. Dieser Punkt
über dem i wurde denn die Contractclausel „erste Charakter=
rollen". Ein „ausschließlich" wurde dazu erfunden, und ko=
mische Charakterrollen, sein Bestes, durfte es gar nicht geben.
So verweigerte er denn Rolle auf Rolle, und fand es wirk=
lich äußerst neu, daß komische Rollen Charakterrollen sein
könnten. In Grillparzers „Ottokar" lehnte er die Prachtrolle
des Kaisers Rudolph ab, weil Ottokar — der Held — die
erste Charakterrolle sei, im „Egmont" entzog er sich dem
Bausen, und die besten komischen Rollen, wenn sie jemals
auf einem Vorstadttheater gespielt worden, fand er tief unter
seiner Würde. Zum Beispiel den alten Herrn in „Caudels
Gardinenpredigten". Ach, mein alter trefflicher Herr von Leman,
den ich für's Stadttheater engagirt hatte, und der mir plötzlich
anzeigte, er könnte nicht kommen, weil er gerade jetzt sterben
müßte, und der leider auch wirklich starb, dieser würdige
Veteran unter den ersten Schauspielern, hatte mit dieser Rolle ein
reizendes Furore gemacht in Leipzig, und jetzt fand Herr Lobe
diese Rolle für seine Höhe entwürdigend! — Zu diesem
lästigen Verhältnisse kam noch, daß das Burgtheater immer
den im Stadttheater hervortretenden Schauspielern flugs ein
Engagement antrug, auch Herrn Lobe in Folge seiner Leistung

im „Bruderzwiste". Dadurch waren denn die Umworbenen
bei jeder Streitfrage mit einem Entlassungsgesuche ausgerüstet,
und das Dirigiren wurde bitterlich erschwert. Es blieb nichts
übrig, als sie eine Zeitlang ruhn und fasten zu lassen; natür=
lich auf Kosten des Repertoires. So geschah's im ersten
Jahre auch mit Herrn Lobe. Endlich gebot denn doch die
Oeconomie, ihm die verlangte Entlassung zu bewilligen — und
nun nahm er sie nicht mehr an, wahrscheinlich weil der Ter=
min für seine Annahme im Burgtheater abgelaufen war.
Von nun an wurde aber der Streit gelinder, und die Beschäfti=
gung reichlicher. Ein Uebelstand trat indessen bei der reich=
licheren Beschäftigung zu Tage: Mangel an Verwandlungs=
fähigkeit. „Er ist gar zu stereotyp in seinem Wesen"! pflegte
man ihm vorzuwerfen.

Bei alle Dem ist er ein fester, sichrer Schauspieler,
welcher immer vollkommen Herr seines Textes ist; und was
am Umfange seiner Fähigkeit abgeht durch präzise Genauigkeit
zu ersetzen sucht, ein seltner Vorzug bei deutschen Schau=
spielern. Könnte er sich frei machen von überspanntem Vor=
urtheile gegen zahlreiche Lustspielrollen, die er ausgezeichnet
spielen kann, er würde eine erste Specialität im Lustspiele.

Sein Rival in Charakterrollen, auch in älteren, war Herr
Friedmann, der in Dawison'scher Schule aufgewachsen war, oder
richtiger, da es keine Dawison'sche Schule giebt, der unter
Dawisons Vorbilde aufgestrebt hatte. Am Berliner Hof=
theater war er damit zu keinem besonderen Ansehn gediehen,
und er kam zu uns von einem kleineren Hoftheater, wo er

der Held verschiedenartiger Fächer gewesen war, ohne des
Weiteren bekannt zu werden. Er hatte vor Lobe voraus, daß
er beweglichen Geistes mit moderner Bildung vertrauter, und
durch Gestalt wie durch gesellige Form geeigneter war für
feinere Aufgaben. In vielen Sätteln gerecht war er dem
Theater in erster Zeit von großem Nutzen, da er für rasche
Bildung des Ensembles keinerlei Fach-Prätentionen geltend
machte. Allmählig zeigte sich jedoch, daß er nicht immer fest
schloß in seinem Sattel, und daß er in wacklige Beweglich=
keit gerieth, wo Festigkeit nöthig war. Daß er ferner leicht
auf Seitenwege des darzustellenden Charakters gerieth, und
den Hauptweg verließ, wenn diese Seitenwege lohnender
waren für Herausforderung des Beifalls, eine Dawison'sche
Erbschaft, welche am Ende sogar an den bestellten Beifall
glaubt.

Interessante Rollen verschiedenartigster Gattung brachten
ihn indessen dem Publicum näher und näher, und er wurde
eins der beliebtesten Mitglieder. Seine beste Kraft liegt im
modernen Stück, weil ihm der moderne Geist geläufig ist.
Wenn es ihm gelingt, unabhängig zu werden vom äußerlichen
Beifall, und bei höheren Aufgaben seine Kräfte in Ruhe zu
sammeln, so daß das Rückgrat seiner Gestalten zuverlässige
Festigkeit gewinnt, und wenn es ihm gelingt, die allzu leb=
haften Beine, welche beim Affect immer durchgehn wollen,
zu bändigen, so werden seine Vorzüge ungeschmälert erschei=
nen, die seltnen Vorzüge eines geistig belebten Schauspielers,
welcher mehrere Fächer umspannt.

Herr Robert hat nach seiner Krankheit mit Fug und Recht als erster tragischer Liebhaber und junger Held eine erste Stelle eingenommen, welche er sich vorher durch Schön= thuerei in Gang und Vortrag beschädigt hatte. Er hat die Sammlung gefunden, welche dem Schauspieler Segen bringt, indem sie den Nachdruck auf das Wesentliche legen und das Nebensächliche nicht mehr zur ungebührlichen Aufsteifung kommen läßt. So ist er jetzt ein Erster in seinem Fache durch wohl= geformtes Aeußere, durch seelisch belebtes Organ, durch sorg= sam gegliederten und im Affect frei fortstürmenden Vortrag, und, was eine Hauptsache ist, durch Glaubwürdigkeit seiner Leistungen. Diese Autorität eines Schauspielers für das was er will, was er andeutet, was er ausspricht, sie ist der Stempel eines ersten Schauspielers. Herr Robert war in den letzten Monaten unsers Wiener Stadttheaters in den Besitz dieses Stempels gelangt durch redliches Studium; möge es ihm beschieden sein, nie wieder vom Wege der Ein= fachheit abzuirren! Lang dauerndes Gastiren ist eine Gefahr für ihn.

Was Angewöhnung dem begabtesten Schauspieler an Ge= fahren bringen kann, das zeigt sich bei Herrn Reusche. Er ist ein guter Schauspieler, und ist ein guter Komiker. Als solcher wird er auch vor dem Wiener Publicum, welches ihn sehr gern hat, bestehen bleiben, nachdem ich hier in meiner Pflicht eines ehrlichen Dramaturgen seine Angewöhnung gekennzeichnet. Durch ein Jahrzehnt lang und länger in Zugpossen beschäftigt und Mo= nate lang immer nur dieselbe Rolle spielend hat er sich angewöhnt,

die Worte seiner Rolle oberflächlich zu behandeln, und hat er
verlernt, mehr als eine Rolle wortgetreu zu behalten. Ver=
lernt! Denn an der Mühe des Erlernens läßt er es gewiß
nicht fehlen; er ist ein fleißiger, gewissenhafter Mann. In
der Posse kommt es nämlich nicht auf wortgetreuen Text an,
ein komisches Talent läßt sich da gehen, es ist sich bewußt,
aus eignen Mitteln die komische Wirkung hervorzubringen.
Kommt nun solch ein Talent an ein ernstes Theater, welches
die vorgeschriebenen Worte braucht, oder gar in ein rasch ab=
wechselndes Repertoire, welches jede Woche neue Rollen ver=
langt, da rächt sich die Angewöhnung empfindlich: die nicht
mehr geübte Kraft des Gedächtnisses versagt, und mit ihr
versagt die Kraft der Fassung.

Ein so lange erprobter Schauspieler wird nicht stecken
bleiben, aber er wird falsche Worte sprechen. Diese Worte
können wohl auch so falsch gerathen, daß sie das Gegentheil
Dessen ausdrücken was gesagt werden soll. Sie können den
Sinn eines ganzen Stückes und damit das ganze Stück um=
werfen. Das ist Herrn Reusche im Stadttheater begegnet.
Glücklicher Weise war's kein neues Stück, und das Publicum
ergänzte sich das richtige Wort. Er sagte „Frau" statt
„Mann" wo es ein Wendepunkt des Stückes war, daß
„Mann" gesagt würde. Ein andres Mal sagte er „schwarz"
statt „blau", wo „schwarz" ein absoluter Unsinn war —
er hatte eben die Fassung verloren, weil er das Gedächtniß
verlor.

Das ist für neue Stücke lebensgefährlich, hat aber auch

für alte Rollen noch einen aparten Uebelstand. Es quält nämlich einen pflichtgetreuen Schauspieler, wie Reusche einer ist, immerfort die Sorge: werden Dir auch trotz fleißigen Memorirens die Worte nicht doch wieder versagen? Und nun hastet er sich, über diese Sorge hinwegzukommen, über- hastet er sich, der Worte los zu werden, und an's Ende der Reden zu gelangen. Bei diesem Hinausjagen der Reden werden ihre wichtigsten Punkte übereilt, überdeckt, und die Jagd stürmt oft über den Schlußpunkt hinweg in den nächsten, allenfalls widersprechenden Absatz hinein, kein „aber“, kein „dennoch“ hält ihn auf. So gehen für den Zuhörer die wichtigen Punkte und die Gegensätze der Rede unter, er hat am Schlusse gar nicht erfahren was da gesagt worden ist. Die Sorge des Schauspielers hat die Flucht der Worte er- zeugt, und die Flucht der Worte hat die Unverständlichkeit geboren.

Von der Noth der Mitspielenden, welche ihre Stichworte nicht kriegen, gar nicht zu reden. Die Auflockerung, das Zerfahren des Ensembles ist dabei unvermeidlich, und wenn an einen solchen „Flüchtigen“ die Führerrolle des Stückes ge- langt, dann balancirt das Schicksal des Stückes auf einer Nadelspitze. Episodenrollen sind für so gefährdete Schauspieler die günstigsten.

Der redliche Eifer Herrn Reusches hat uns bei ersten Aufführungen zumeist vor Unglück bewahrt. Er war höchst aufmerksam und fleißig auf den Proben, er ertrug mit Ge- duld mein lästiges, unablässiges Verlangen nach richtigen

Worten, und da wir immer viel Proben hatten, so gewöhnte
er sich allmählig an die nöthigen Worte. Der Schaden ent=
stand am Häufigsten bei den Wiederholungen, welche nicht
immer dicht hintereinander kommen konnten. Da entwich die
Spannung, es entwich jegliche Genauigkeit, und er hat sich
manche seiner glücklichsten Rollen und mit ihnen die Stücke
zerstört. Ein älteres französisches Lustspiel zum Beispiel,
„Herr Perrichon" machte gerade durch ihn, welcher den Perri=
chon trefflich spielte, den besten Effect, und verlor ihn mit
der Zeit ganz, weil er ganz unmächtig wurde in den Worten.
Ebenso erging's mit dem lustigen polnischen Stückchen „Die
einzige Tochter".

Vielleicht wenn er weniger angespannt, weniger beschäf=
tigt würde, also seltner an die Reihe käme, könnte er bei
Muße und Concentrirung dieser Gedächtnißflucht doch noch
Herr werden. Ich halte das für möglich, und es wäre sehr
zu wünschen, denn er ist ein gediegener Schauspieler von
ächtem Schrot und Korn.

Ein guter Schauspieler ist allmählig auch Herr Arnau
geworden, welcher als zweiter Liebhaber erfolglos bei mir in
Leipzig debutirte, und von mir und Strakosch ins Väterfach
geleitet wurde. Redliche Einfachheit und überzeugende Wahr=
haftigkeit sind seine Vorzüge geworden, und im Schau= und
Lustspiele ist er durch natürlichen Ton jetzt schon den alten
guten Prosaisten im früheren Burgtheater nahe gekommen.
Er bedarf jedoch einer Regieführung, welche nicht blos Rechts
und Links weist, sondern welche auch über die Charakteristik

spricht. Sein Talent weiß jede Bemerkung glücklich zu verwerthen.

Herr Tewele wurde mit Mißtrauen aufgenommen im
Stadttheater, weil er aus einem Vorstadttheater und aus dem
Carltheater kam. Die Standesvorurtheile sind beim Theater
ebenso zu Hause wie in der Gesellschaft, und dieselben Leute
welche gegen Adel= oder Bürgerstolz eifern, bekunden denselben Stolz in Theaterfragen. Es ist ja auch richtig, daß
Styl und Gewohnheiten der Theater verschieden sind, und
daß der Vorstadtschauspieler nicht sofort in ein vornehmeres
Theater paßt mit seinen Formen, Sitten und Geschmacksrich-
tungen. Aber man soll ihm doch den Uebergang nicht er-
schweren! Man soll doch auf den Kern blicken, nicht blos
auf die Schale! Mit jenen Standesvorurtheilen verurtheilt
man Talente, weil man sie in einem bunten Rocke kennen
gelernt hat. Man lasse doch die Prüfung zu, ob ihnen nicht
ein einfaches Kleid sehr wohl zu Gesichte stehn könnte. Dasselbe
habe ich vor dreißig Jahren dem Grafen Dietrichstein sagen
müssen, als er Beckmann nicht engagiren wollte, weil er in
der Vorstadt — am Wiedner Theater — gefiel.

Aehnlich ist es mit Tewele. Er ist ein positives Talent,
und wenn es gescheidte Directionen giebt, so wird er seine
Laufbahn machen wie sie Beckmann gemacht hat. Wahrscheinlich noch dazu in ganz ähnlichem Fache wie Beckmann,
denn er ist auch ein positiv komisches Talent.

Jetzt kann er noch — und er wird es immer können
— eine Reihe feinerer Rollen spielen, wie sie nie in Beck-

manns Persönlichkeit und Fähigkeit lagen. Vielleicht verscherzt
er das durch leichten Sinn, und kommt früher als nöthig
wäre zu den ausschließlichen Aufgaben des bloßen Komikers.
Kann er diesen leichten Sinn zügeln, so wird sein Rollenfach sehr reichlich. Daß er ihn zügeln kann hat er im Stadttheater zu wiederholten Malen bewiesen. Er hat den Benedict in „Viel Lärm um Nichts“ besser gespielt als ich ihn je
gesehn. Allerdings war ein sorgfältiges Studium des Spre-
chens und Vortragens im Allgemeinen vorangegangen. Aber
wie schnell, wie ausgiebig wirkte das auch, weil es an einen
verständigen, und für die Technik seiner Aufgabe anstelligen
Mann kam! In acht Tagen war eine gründliche Umgestal-
tung des verwischten Vortrags in einen klaren, wirksam
accentuirten zu Stande gebracht. Auf dieser neu erworbenen
Grundlage der Sprechmittel spielte nun sein natürlicher Humor
geradezu Fangball mit den gesuchten Antithesen des Shakespeare'schen Liebhabers Benedict, und belebte diese Antithesen
dergestalt, daß sie fast natürlich erschienen, und wirklich be-
lustigten. — In andrer Richtung stellte er den Herzog von
Mirandel aus der „Somerive“ hin, der Vorstadtschauspieler
einen eleganten Pariser Herzog! Auch den leisen Witz hob
er durch geistvolles Betonen hervor, da er mit dem geistigen
Elemente der französischen Komödie ganz wohl vertraut ist. —
In wieder andrer Richtung genügend spielte er den Cato von
Eisen, dessen Humor nur in der ganzen Rolle und gar nicht
in den Worten liegt; und wiederum erregte er homerisches
Gelächter als Lord Augustus im „Statthalter von Bengalen“,

welcher die Repräsentation eines komischen Gecken erheischt. Wer das Alles kann, der ist doch gewiß berufen, über die Linien eines Vorstadttheaters hinauszustreben.

Ich will dabei nicht läugnen, daß man ihm gar oft noch mit Recht den Vorwurf macht: er übertreibe. Leider verfing nicht immer meine Abmahnung bei ihm, und er schwamm plötzlich wieder im trüben Possenwasser. Ich will und kann auch nicht dafür bürgen, daß er sich davon befreien werde. Wer kann für Stärke des Willens, für Schwäche des Charakters einstehn! Aber er könnte es durchsetzen. Er hat die Mittel zu einer ersten Laufbahn in gewöhnlicher wie in feiner Komik.

Für komische Charakteristik in kleineren Rollen, vorzugsweise in denen realen Wesens, erwies sich auch Herr Dr. Tyrolt wirksam, sobald die Mahnungen zu deutlich accentuirtem Vortrage Gehör fanden.

Unter den weiblichen Talenten stand Fräulein Frank obenan. Eine geborne Wienerin mit schönen äußeren Mitteln, war sie hinaus gegangen an's deutsche Theater ohne irgend welche Vorschule, und hatte erst kurze Zeit gespielt, als Stralosch sie sah. Im Berliner Victoriatheater, wo sie eine unbedeutende Feenrolle declamirte. Auf gut Glück empfahl er sie mir zum Engagement, und auf seine Beschreibung hin engagirte ich sie. Sie ging von Berlin nach Bremen, und spielte da zum ersten Male eine Saison lang erste Liebhaberinnen. Den Berichten nach unreif, aber unter Beifall des Publicums. Mich bat sie von da um Annullirung des Contractes. Aber die Schilderung Stralosch's veranlaßte mich,

Nein zu sagen. Liebenswürdig, oder nicht? ist immer meine
erste Frage bei Engagements. Und da Stakosch diese Frage
bejahte, so ließ ich sie nicht los.

Ich habe schon erzählt, wie sie sich entwickelte, und daß
ihr Studium mit dem Vortragslehrer von außerordentlichen
Nutzen gewesen ist. Sie ist ein erstes Talent — wenn sie
dauernd im Studium unterstützt wird. Sollte sie darin nach=
lassen oder vernachlässigt werden, so wird sie einen ersten
Platz nicht behaupten.

Letzteres gilt leider von neun Zehntheilen der heutigen
Schauspieler. Es fehlt ihnen Schule und eigne Erfindung.
Sind sie dann auch durch Lehre und Anregung auf eine ge=
wisse Höhe gebracht, so tritt doch der Niedergang ein, sobald
die aufrecht haltende Lehre fehlt, er tritt unfehlbar bei denen
ein, welche nichts erfinden können.

Fräulein Kühle, welche wir erst im zweiten Jahre er=
hielten, fehlt es nicht eben an Fähigkeit zur Erfindung. Sie
ist geistig regsam. Sie war jedoch bei ihrer Ankunft im Vor=
trage arg vernachläßigt. Sie gab dem Tone nicht Athem ge=
nug, und verschluckte den Schluß der Reden mit unwandel=
barer Consequenz. Die beliebte Entschuldigung dafür ist der
sogenannte Conversationston. Man kann doch nicht so laut
und absichtsvoll sprechen — heißt es — bei conversationeller
Unterhaltung! — Als ob es irgend eine Unterhaltung gäbe,
die unverständlich bleiben dürfte. Der Conversationston braucht
eine leichtere Führung als die getragene Rede, er ist leiser

und mannigfaltiger zu accentuiren, aber er muß doch deutlich
an seine Adresse kommen, an die Zuhörer, sonst ist er nichtig.
Fräulein Kühle gestand dies zu, und arbeitete sogleich ernsthaft an der Ausbesserung ihrer Vortragsfehler, und da sie
Verstand, Herz und Laune besitzt, und in anmuthiger Weise
äußert, so wurde sie bald sehr beliebt. Rückfällen in die
Undeutlichkeit blieb sie indessen fortwährend ausgesetzt.
Wird sie deren nicht Herr, so gehn ihre schönen Eigenschaften für Lust= und Schauspiel wirkungslos unter. Erreicht
sie dauernde Klarheit der Rede, so wird sie eine gute Schauspielerin.

Fräulein Schratt ist in diesem Punkte rasch sicher geworden, weil wir rasch das specifisch richtige Rollenfach für
sie fanden. Das richtige Rollenfach entspricht dem Naturel,
und das Naturel findet von selbst den verständlichen Rede-
ton. Soll sie sentimental spielen, da muß sie den Ton
suchen, und findet ihn schwer. Heiter, noch besser lustig ist
er von selbst da. Fräulein Schratt kann für lustige und humoristische Rollen ein Paradiesvogel werden.

Im älteren Frauenfache war Frau Schönfeld unsre erste
Kraft für Schau= und Lustspiel, und wurde als solche von
Freund und Feind anerkannt. Einfachheit, Natürlichkeit,
Wahrhaftigkeit zeichnen sie aus, und erwerben ihr sofort das
Wohlwollen jedes Publicums. Sie muß jedoch in mittlerer
Temperatur des Rollenfachs erhalten werden. Das will
sagen: die Rolle darf nicht eine wirklich starke Aeußerung
des Gefühls erfordern, und sie darf nicht volle humoristische

Kraft nöthig haben. Man wird nicht leicht mit Frau Schön=
feld weinen, und man wird nicht leicht über sie lachen, was
man sagt lachen, aus dem Vollen lachen. Aber man wird
ihrer Darstellung mäßiger Lagen immer mit Theilnahme oder
mit Behagen folgen, und wird schließlich immer sagen: das
ist eine gute Schauspielerin.

———————

20

All diese Kräfte arbeiteten unverdrossen ebenso fleißig weiter in den Sommer hinein, als ob wir noch wie beim Anfange um's tägliche Brot des Repertoires zu sorgen hätten. Sie erkannten die Gefahr der sorgenvollen und deshalb für jegliche Kunst ungünstigen Zeit, aber sie hofften zuversichtlich auf Besserung dieser an Verarmung leidenden Periode, wie denn der Künstler immer am Horizonte seine tröstlichen Bilder aufsteigen sieht, eben weil er ein Künstler ist. Ohne diese täuschende Sehkraft wäre er keiner.

Auch ein neuer Schlag, welcher uns jetzt traf, änderte nichts an den Illusionen unsrer Schauspieler — wir mußten plötzlich schließen. Und sie freuten sich wie Kinder über die unerwarteten Ferien. Das Haus war einer gründlichen Reparatur bedürftig: ein großer Theil der Tragbalken war verfault, weil man Holz dazu genommen hatte, welches im Safte geschlagen worden war.

Fast zwei Monate dauerte diese Schließung, zwei Monate fortlaufender Gagen ohne einen Deut Einnahme.

Bei dieser Gelegenheit mußte ein theurer Kronleuchter abgeschafft und ein neuer angeschafft werden, weil der alte den Plafond drohend belastete.

Geldverlust auf Geldverlust. So wurde unser Anlehn durch unvorhergesehene Einbußen ziemlich aufgezehrt, und unsre ökonomische Lage war am Ende des Sommers verschlimmert.

Dennoch dachte eigentlich noch Niemand an eine Kata=strophe. Ich hatte von allen Seiten Material zusammenge=rafft für ein anziehendes Repertoire der nächsten Saison, und verwendete die letzten Sommer= und ersten Herbstwochen zu einer Arbeit, welche ich jedem ernst strebenden Theater an=empfehle. In einer Zeit, welche noch nicht lohnend ist für Einführung von Neuigkeiten, ist diese Arbeit lohnend für die Ausbildung des Theaters. Ich nahm alle irgendwie werth=vollen Stücke, welche wir gebracht hatten, von Neuem vor, ergänzte sie an großer und kleiner Besetzung da wo sie schad=haft geworden, und gab ihnen neue Proben. An manchem war gar nichts zu ändern und im gewöhnlichen Theaterstyle auch keine Probe nöthig. Ich setzte die Probe trotzdem an, und führte sie gründlich durch. Drei Wochen lang geschah dies Tag für Tag, und das Resultat war für uns alle höchst erbaulich. Sämmtliche Stücke erschienen des Abends wie neu=geboren, wir ernteten den Dank unsers kleinen Stammpubli=cums, und wir schmeichelten uns selbst mit dem befriedigten Gewissen eines ächten Künstlerthums.

Diese Wochen stellten sich dar wie eine Generalprobe unsers Stadttheaters und der Grundidee, welche uns vorge=

schwebt hatte bei der Stiftung desselben, der Stiftung eines
sorgfältigen Schauspiels.

Und gerade da sahen wir uns plötzlich an's Ende unsrer
Thätigkeit gerathen.

Das kam so: unser oben erwähntes nationalökonomisches
Studium mußte eingestehn, daß kein Symptom besserer Geld=
zustände zum Vorschein käme. Selbst eine gute Ernte wirkte
nicht, wie man gehofft hatte. Sie wirkte nicht, weil nicht
nur Oesterreich sondern alle Länder eine gute Ernte gehabt
hatten, und weil deshalb keine reichliche Ausfuhr des Getrei=
des eintrat, welche allein Geld in's Land bringen konnte.
Die ruhigsten Beobachter mußten eingestehn, daß dieser Zu=
stand der Verarmung Jahre lang andauern könnte, und daß
jetzt erst die Geldnoth in alle Zweige und Kreise eindränge.
Da fragte denn unser Directionsrath mit gutem Fug bei mir
an, ob ich unserm Personal und Repertoire so viel Zugkraft
zutraute, um diese schwere Noth der Zeit finanziell siegreich zu
überwinden, oder ob ich es für nöthig hielte, große Reduction
der Ausgaben vorzunehmen.

Darauf erwiderte ich: Nein, ich traue auch einem guten
Personale und gutem Repertoire nicht die Kraft zu, bei einem
so geschwächten Publicum die Kosten eines ersten Schauspiels
zu erwerben. Die jetzt beginnende Saison hindurch bis zum
Frühjahre könnten wir allerdings die nöthigen Ausgaben er=
schwingen, aber einen Ueberschuß für den leeren Sommer
würden wir schwerlich sammeln können.

Trotzdem sei ich nicht für eine weit gehende Reduction,

14 *

welche zuerst das Personal treffen müßte. Ein dergestalt re=
ducirtes Stadttheater verlöre seinen Zweck und sein Ziel, und
außerdem auch sein Publicum. Das Wiener Stadttheater
habe seine Berechtigung nur als ein erstes Schauspiel, und
ein abgeschwächtes Schauspiel werde auch auf Seiten der Casse
keinen andern Erfolg zeigen, als daß man einhundert Gulden
an der Ausgabe ersparen und fünfhundert Gulden in der
Einnahme verlieren werde.

Wollte man die ausgiebig vorbereitete Wintersaison nicht
abwarten, und jetzt schon absolut große Reductionen vorneh=
men, dann müßte man, wie ich im Frühjahre schon der Gene=
ralversammlung gesagt, dem Stadttheater gründlich eine neue
Bestimmung aufprägen, und ein ganz neues Genre des Re=
pertoires einführen, ein leichteres Genre, welches mit einfachen
Mitteln, also wohlfeiler zu beschaffen wäre. Darauf verstünde
ich mich nicht, wie ich schon damals erklärt, und ich bezwei=
felte auch den erhofften Cassenerfolg.

Einige Directionsräthe bezweifelten ihn nicht. Unter=
stützend für sie kam hinzu, daß die Reduction des Personals
leichter in's Werk gesetzt werden kann zu Anfang einer Sai=
son als zu Ende derselben. Bei Beginn des Herbstes wird
es dem Schauspieler nicht schwer, ein neues Engagement zu
finden, bei Beginn des Sommers aber wird es ihm schwer.

So kam es denn ein halbes Jahr früher als ich's für
nöthig erachtete zu der entscheidenden Frage: ob ich auch ein
reducirtes Stadttheater weiter dirigiren wollte. Ich antwor=
tete: Nein. Mich interessirt nur ein erstes Schauspiel, und

ich traue mir auch gar nicht die Fähigkeit zu, ein Theater leichterer Gattung zu leiten. Unter solchen Umständen trat ich am 15. September von der Direction des Wiener Stadttheaters zurück.

„Julius Cäsar" war die letzte Vorstellung in dieser just zweijährigen Theaterperiode. Diese Cäsar-Vorstellung, welche für gelungen galt — und zwar diesmal einhellig auch bei allen öffentlichen Stimmen —, war wie eine letzte Familienvereinigung. Das Haus war voll. Jedermann, der zu unserm Stammpublicum gehörte, war gekommen, selbst von den Landwohnungen herein kamen die Freunde, um Abschied zu nehmen.

Man hat mir an jenem Abende und später noch in lebhafterem Tone vorgeworfen, daß ich meinen Abgang übereilt hätte, da ich ja eine Durchführung der Saison für ganz gut thunlich gehalten. Wer könnte denn voraussagen, ob nach einem halben Jahre nicht irgend eine glückliche Chance möglich wäre!

Der Vorwurf ist nicht unbegründet. Aber ich muß offen gestehn, daß mir die Führung eines Kunstinstitutes unter steter ökonomischer Sorge widerstrebt. Sorge und Kunst sind ein widerwärtiges Ehepaar. Und ich muß außerdem bemerken, daß eine Ueberraschung mitgewirkt hat: ich meinte, hinter der drängenden Anfrage einiger Directionsräthe einen ausgearbeiteten Plan zu sehn, welcher das Institut auch mit geringeren Kosten erhalten könnte. Dem wollte ich nicht im Wege stehn.

Uebrigens kann man doch auch nicht sagen, daß unser Versuch ein freies erstes Schauspiel zu gründen verunglückt

sei. Er hat im Gegentheil bis auf einen gewissen Grad sein
Ziel erreicht. Er hat ein redlich strebendes Schauspiel bis
zur Höhe eines achtungswerthen Ensembles gebracht, er hat
vielfache Anerkennung gefunden, und hat diese Anerkennung
verdient. Das darf ich getrost behaupten. Er hat ein Bild
hinterlassen, dessen Andenken nicht ohne Nachwirkung bleiben
wird. Er hat einen Kreis von Schauspielern eingeführt, und
zum Theil erst gebildet, welcher dem deutschen Theater will=
kommen sein kann.

Daß der Versuch, der doch zwei volle Jahre gut bestan=
den, jetzt nicht in ganzer Ausdehnung fortgeführt werden
konnte, das ist allerdings betrübend, ist aber doch erklärlich
für Jedermann, welcher den grellen Wechsel des allgemeinen
Wohlstandes anschaut. Daß er wieder aufgenommen werden
kann, sobald der Wohlstand sich wieder gehoben, ist ja erwie=
sen durch den zweijährigen Erfolg.

Ob wir uns bei so üblen Zeitverhältnissen tapfer ge=
halten, das kann man ermessen, wenn man unsre Situation
und die des andern Schauspieltheaters in Wien, des Hof=
burgtheaters nämlich, vergleicht. Das Hofburgtheater hat
80,000 Gulden Dotation und ein altprivilegirtes Abonne=
ment von mehr denn 200,000 Gulden jährlich, es hat also
ungefähr 300,000 Gulden in der Hand, ehe es eine Thür
öffnet. Und dabei hatte es im Ausstellungsjahre Deficit. —
Wir hatten nichts als Lasten in der Hand: Zinsen, Bau=
kosten, Steuer, Assecuranz und alle die zahlreichen An=
schaffungen eines neuen Theaters. Für uns existirte nichts

als die Tageseinnahme, die wir verdienen mußten. Wir
hätten, wären uns jene 300,000 Gulden gewährt worden,
riesige Ueberschüsse in der Casse gehabt. Des Hofoperntheaters gar nicht zu gedenken, welches mit seiner großen Subvention und mit seinen großen Ueberschüssen vom Ausstellungsjahre im Herbste 1874 vor einem großen Deficit stand, und
ein immer steigendes Deficit als Zukunftsmusik vor seinen
Ohren hörte.

Braucht es weiteren Beweises, daß unsre Thätigkeit
innerhalb einer so verarmten Stadt immerhin sehr ergiebig war?

Allerdings gehe ich mit einer Wunde aus diesem Theaterfeldzuge. Aber sie ist eine andre, und ist tiefer als die
nothwendig genannte Reducirung des Wiener Stadttheaters.
Sie besteht darin, daß mein Vertrauen geknickt worden ist,
mein Vertrauen auf das Gedeihen des deutschen Theaters.

Ich habe immer — auch in diesem Buche noch — die
Pessimisten abgewiesen, welche früh und spät vom Niedergange
des deutschen Theaters reden. Früh und spät will sagen:
auch bei unpassender Gelegenheit, auch mit falschen Gründen,
und mit Uebertreibung. Jetzt, am Schlusse dieses Buches,
stellt sich mir als Summe dieser meiner wahrscheinlich letzten
Theaterpraxis und Theatererfahrungen ein trübes Bild vor
die Augen, und ich bin nahe daran, den Pessimisten eine gewisse Berechtigung einzuräumen.

Zunächst wegen des ökonomischen Verfalls in den deutschen
Ländern, welcher ja doch auch dem Theater die Kräfte abschwächen muß. Es war natürlich, daß Jedermann in Wien

sparen wollte und mußte, und es war am Ende auch natürlich, daß man beim Theater anfing, dessen Besuch ein Luxus
heißen kann. Und den Luxus strich man aus. Aber bei
welchem Theater fing man an? Welches Theater wurde zuerst
als Luxus betrachtet und gestrichen? Das edlere, das ernste.
Das leichte, das rohe, das gemeine Theater erlitt keine Einbuße. Die lustbedürftige Bestie in uns zeigte sich als unzer-
störbar, der strebsame Engel als sterblich. Die Moral dieser
Erfahrung lautet: Unser besseres Theaterpublicum ist sehr klein.

Alsdann räume ich den Pessimisten eine Berechtigung ein
wegen der fortdauernden Sorglosigkeit und Gedankenlosigkeit
an den höher bemittelten Bühnen. Sie ist gar betrüblich.
Und zwar herrscht sie am Aergsten bei den reicheren, weniger
bei den unbemittelten. Wie oft, wie nachdrücklich ist ihnen
bewiesen worden, daß Vorbereitung nöthig sei für die schwächeren Schauspieler, daß diese schwächeren Kräfte Lehre, Anwei-
sung, Uebung brauchen. Die Klügeren wissen es genau, daß
im Wiener Stadttheater die zahlreichen und oft im Ensemble
gelungenen Aufführungen nicht blos durch den Fleiß der Mitglieder und durch mein Zuthun ermöglicht worden sind, sondern daß der angestellte Vortragslehrer wesentlich beigetragen
hat. Die Hälfte unsrer Erfolge verdanke ich wirklich dem
Fleiße und Talente des Alexander Strakosch. Hat nun dies
Beispiel irgendwie gefruchtet? Ja, es haben einige Directoren
Anstalt gemacht zu ähnlicher Hilfsleistung für ihre jungen,
ungeübten Kräfte. Aber lahm haben sie's gethan, ungenügend.
Die großen Herren an großen Theatern wissen heute noch

kaum davon, oder zucken die Achseln. Sie hören es nicht, sie bemerken es nicht, wie elend ihre „Künstler" sprechen, und denken nicht eine Secunde darüber nach, daß ihnen an der Spitze einer Kunstanstalt doch eigentlich auch einige Sorge um die Pflege der Kunst obliege. Mit einem Worte: die Leitungen bessern sich nicht.

Sodann räume ich den Pessimisten eine Berechtigung ein wegen der Geld- und Putzsucht, welche beim Schauspiele ein= reißt, bei den Schauspielern und bei den Directoren. Um den Geist kümmert man sich nicht, um den Körper kümmern sich alle. Wie reich hab ich das Stück wieder ausgestattet! dies ist das Ein und Alles, was der stumpfe Director zu sagen weiß. Wie prächtig war ich angezogen! minaubirt die Komödiantin. Die Schauspielerinnen hauptsächlich spielen die Hauptrollen in diesem Puppenspiele. Es ist kaum noch mög= lich, eine zu bezahlen, weil sie wirklich Unsummen brauchen für unsinnige Toiletten. Sammt und Seide überall, auch wo sie gar nicht hingehören, ja wo sie absolut falsch sind; und auf dem Lande, auf der Landstraße kehren sie herum mit endlosen Schleppen, daß man voraussetzen muß, alle Wege seien mit glatten Parquetten belegt, sie sind von Kopf zu Fuß wie die Coeurdamen auf den Kartenblättern. Künstlerinnen wie Louise Neumann, wie Jenny Lind, welche immer zupassend gekleidet waren, sind mythische Figuren geworden, und dieser verschwenderische Plunder, welcher die Existenz der Theater bitterlich erschwert, denn die Theater müssen ihn bezahlen, hat auch den Krach überlebt, obwohl er aus den Ursachen des

Krachs geboren worden ist. Und kleine wie große Journale
— mit wenigen Ausnahmen — erzählen respectvoll von diesem
Plunder, und preisen ihn geradeso wie der Bauer ein unpassen-
des Ameublement preist, blos weil es prächtig ist. Es geht
eben Alles Hand in Hand mit der opernhaften Ausstattung,
welche das Schauspiel überladet, und ohne Noth, ja gegen
alle Richtigkeit vertheuert. Alles wird Geldfrage, und vor
ihr muß jeder andre Maßstab zurückweichen. Freilich ist das
zeitgemäß, und deshalb wird die Gefahr so groß für das
edlere Schauspiel. Ist das sinnige Spiel, dessen Grundlage
einfache Wahrheit sein soll, in der That noch erreichbar in
einer Zeit, welche das Geld auch da auf den Thron setzt,
wo bescheidener Sinn die Seele sein soll? Giebt's keine
Poesie mehr ohne Sammt und Seide, ohne Gold und Edel-
steine? Solche Fragen drängen sich heute dem Schauspiel-
führer unabweislich auf, und deshalb fängt er an zu verzagen.

Sodann räume ich den Pessimisten eine Berechtigung
ein wegen der Schauspieler, nicht blos wegen der
Schauspielerinnen. Auch die Schauspieler geberden sich
als Kinder der Geldepoche. Die Zahl derer wird immer
geringer, welchen die künstlerische Genugthuung höher steht
als die Genugthuung durch Gage. Das war immer so!
ruft man. O, nein! Meine Erfahrung sagt: das war
in solchem Grade nicht immer so. Und immer seltner wird
der Künstler, welcher sich der kleineren Rolle unterzieht, um
das Ensemble glaublich zu machen. Kleine Rollen passen
nicht zu großer Gage! heißt es ganz im Sinne der Geldepoche.

Am Ersten war doch solches Fachgift am Wiener Stadttheater nicht zu erwarten, wo die Mitglieder nicht ohne Stolz sich bewußt waren, in einem höheren Schauspielsinne dirigirt zu werden. Und dennoch versagten auch da bessere Kräfte, auch solche, welche ich erst mühsam in die Höhe gebracht, sobald ihnen die geringste Entsagung zugemuthet wurde. Das Geschlecht wird eben immer dürftiger, je mehr die blos äußerlichen Maßstäbe der Geldwerthung überhand nehmen.

Endlich räume ich den Pessimisten eine Berechtigung ein wegen der Presse. Es ist offenbar, daß sie die dramatische Production nicht begünstigt, ja daß sie dieselbe vielfach beschädigt. Freilich giebt es glücklicherweise immer noch eine kleine Anzahl edler Journalisten, welche von guter literarischer Erziehung sind und edle Theilnahme hegen für jede literarische Schöpfung; aber sie bleiben vereinzelt. Das Loben gilt für uninteressant, das Tadeln ist dankbarer. Dem Loben bieten sich wenig Gesichtspunkte, dem Tadeln tausend, und auch tausend Hilfsmittel: der Spott, die Ironie, die Bosheit und das große Arsenal des Witzes. Diesen nahe liegenden Hilfsmitteln, welche den Schreiber sofort auszeichnen, widersteht nur der Stärkste. So haben wir denn eine ausgebildete Piratenclasse in der dramatischen Kritik, welche nur von der Plünderung der Dramen und der Dramatiker lebt. Der Dichter liefert das Material mit seinem neuen Stücke, und der professionsmäßig tadelnde Kritiker lebt von diesem dargebotenen Stoffe, indem er aus demselben seinen Inhalt schöpft, seine Spöttereien zieht, seine Witze dreht. Wie viel Schöpfungsfähige werden dadurch

abgeschreckt! — Einem Buche gegenüber ist das nicht so tief
gefährlich. Man kann ein Buch zu jeder Zeit haben und lesen,
und kann sich überzeugen, ob der zerstörende Kritiker Recht
hat. Einem Theaterstücke gegenüber ist es tödtlich. Nur wenig
Leute haben das Stück im Theater gesehn, und es kriegt es
Niemand mehr zu sehn, wenn es durch spöttische Kritik ent-
werthet ist, denn das Theater muß es fallen lassen. Es
kommt dann auch gewöhnlich nicht in den Buchhandel, eben
weil es schon todtgemacht ist, und keinen Verleger findet. —
Dies Treiben also ist für das Theater ein schweres Uebel,
und die solideren Männer der Presse sollten gegen diesen Pi-
ratenstand kräftiger auftreten. Die Journale sollten insbesondere die stehenden Theaterberichte nur zuverlässigen Männern
anvertrauen, denn diese stehenden Berichte bilden wichtige
Aemter. Je mächtiger die Presse geworden ist — und sie ist
jetzt großmächtig — desto strenger müssen ihre Führer auf
Gerechtigkeit dringen. Keine Macht dauert, welche die Gerechtigkeit mit Füßen tritt.

All diese Uebelstände, die Zeit, die Leitungen, die Schauspieler und die Presse betreffend, sind von Jahr zu Jahr gewachsen. Ich bin in der Lage gewesen, das zu beobachten.
Werden sie nicht eingeschränkt, oder erstehen uns nicht über-
wältigende Talente unter den Dichtern wie unter den Dar-
stellern, so kann uns das Schicksal des englischen Theaters
bevorstehn, das heißt der Verfall.

Denn es kommt zu den aufgezählten Uebelständen noch
hinzu, daß sich keine höhere Regierungsinstanz für das Schau-

spiel interessirt. Unsre Hoftheater haben sämmtlich keine fach=
mäßige Instanz über sich, welche Antheil zu äußern hätte am
inneren Gedeihn der Bühneninstitute, und unsre Stadttheater,
für welche sich hie und da eine solche Willensregung erhebt —
das Wiener Stadttheater hat es bei der Stadtregierung nicht
einmal bis dahin gebracht — sind durch die immer steigende
Vertheuerung des Theaterbetriebs kaum im Stande, Zuflucht?-
buchten herzustellen.

Muß Einen da nicht der Zweifel beschleichen, ob das
deutsche Schauspiel in leidlicher Verfassung erhalten werden
könne? Und so werden die theilnehmenden Kenner es wohl
begreiflich finden, daß selbst ein Optimist wie ich am Ende
nur mit Besorgniß aus der Schauspielleitung scheidet.

Namen- und Sach-Register.

———∘∘⟨∘⟩∘∘———

Leipzig, Walter Wigand's Buchdruckerei.